数字化助力
现代供电服务体系构建
解放用户理念的云南实践·楚雄篇

吉德志 ◎ 编著

中国水利水电出版社
www.waterpub.com.cn
·北京·

图书在版编目（CIP）数据

数字化助力现代供电服务体系构建：解放用户理念的云南实践. 楚雄篇 / 吉德志编著. -- 北京：中国水利水电出版社，2023.10
ISBN 978-7-5226-1889-0

Ⅰ. ①数… Ⅱ. ①吉… Ⅲ. ①数字化－应用－供电－工业企业－商业服务－楚雄彝族自治州 Ⅳ. ①F426.61-39

中国国家版本馆CIP数据核字(2023)第195710号

策划统筹：苗羽强　　责任编辑：王开云　　封面设计：苗润　苏敏

书　名	**数字化助力现代供电服务体系构建** **解放用户理念的云南实践・楚雄篇** SHUZIHUA ZHULI XIANDAI GONGDIAN FUWU TIXI GOUJIAN JIEFANG YONGHU LINIAN DE YUNNAN SHIJIAN・CHUXIONG PIAN
作　者	吉德志　编著
出版发行	中国水利水电出版社 （北京市海淀区玉渊潭南路1号D座　100038） 网址：www.waterpub.com.cn E-mail：mchannel@263.net（答疑） 　　　　sales@mwr.gov.cn 电话：（010）68545888（营销中心）、82562819（组稿）
经　售	北京科水图书销售有限公司 电话：（010）68545874、63202643 全国各地新华书店和相关出版物销售网点
排　版	北京万水电子信息有限公司
印　刷	三河市德贤弘印务有限公司
规　格	170mm×240mm　16开本　14.25印张　155千字
版　次	2023年10月第1版　2023年10月第1次印刷
定　价	86.00元

凡购买我社图书，如有缺页、倒页、脱页的，本社营销中心负责调换

版权所有・侵权必究

本书编委会

主　　编	吉德志
执行主编	彭永春　董兴海
副 主 编	陈迎霞　聂跃昆　谭向东　曾祥辉　彭君娟
成　　员	张家荣　董俊贤　刘兴龙　张　超　周朝龙
	黄　飞　吕吉生　唐秀凯　李　扬　付　雨
	郑　洪　刘　峰　唐志军　张　俊　吴　恙
	施治虎　李天权　韦宝军　周东杰　方俊钧
	张　睿　张荣辉　刘大鹏　吴　雅　熊　超
	潘　健
指导委员会	张　亚　毛正东　施　勇　陈　婷　侯钰铭
	曹　敏　王有山　孟维丽娅　许　睿　吴晓刚
	左林润泽　苗羽强　谭卫东　章　荣
编 写 组	董兴海　张　超　周东杰　刘长喜　何欣怡
	王卓珺　杜选高　黄紫菡　薛雅榕　张　丽
	李佳纯　姬　彬　熊　超　黄　飞　洪运龙
	丁　平　陈　凯　何　翊　汤世彬　周明敏
	刘　勇　施华英　侯国昌　熊发辉　黑睿宁
	武慧杰　张　芸　詹志浩　张　巍　赖浩文
	刘江敏　王　云　李姝文　李　媛　刘　娟
	张　涛　周元荣　自俊伟　柴　俊　杨昀佳
	李发春　范顺辉　刘正友　农定标　徐　松
	杨建铭　张　建　李　亚　王晓萍　张　海
	刘晓东　朱玉超　王　静　杨若岚

PREAMBLE 序言

2019年7月,南方电网公司首次提出解放用户理念,为系统性解决用户用电问题、提升企业管理水平提供指导,为我们持续提升用户服务水平开出治理"良方"。

经过广泛调研和分析论证,2019年12月20日,云南电网公司各部门、各单位主要负责人座谈会指出:目前,公司存在"网架结构弱、管理链条长、信息传递堵"等问题,并提出"险在主网、弱在配网,在确保主网安全的基础上,将有限资源适当向配网倾斜"的工作策略,明确了配网提升"一年上轨道、三年见成效、五年出成果"的目标思路。紧接着,公司上下齐心、群策群力推进配网十大提升工程、安全生产翻身仗、配网"两册"推广应用、员工"三感一力"提升等系列工作。

2020年10月13日,我在楚雄调研时,看到楚雄元谋供电局把公司制定的配网提升工程各项工作落实得很好,他们把近几年的用户用电需求进行了系统梳理,做了一个高质量的"一县一可研",对老城、黄瓜园等乡镇存在的"蜘蛛网"式私拉乱接抽水线路等进行综合治理,并通过职工技术创新,研发了"扫码用电"装置,将其推广到田间地头,让菜农可以放心抽水灌溉。这一做法既符合公司精准投资策略又满足了用户需求，取得了"花小钱解决大问题"的效果，还从根本上消除了菜农用电安全风险，得到了当地党委政府和广大群众的一致好评。随着调研的深入，可以看到楚雄供电局通过"按片、按线、按台区"模式进行的配网隐患综合治理取得了很好的工作成效。随即，公司及时研究部署了精准化解主网风险、有效夯实配网基础、补齐制约公司高质量发展硬件短板的一系列务实举措。2020年11月27日，公司降低电网风险和解决配网突出问题三年攻坚行动现场启动会在楚雄召开，云南特色现代供电服务体系建设统领下的提升电网供电能力三年攻坚行动随即在各地市供电单位相继展开。

2021年7月14日，我再次到楚雄调研，看到楚雄供电局党委积极推动，现代供电服务体系建设等工作搞得亮点纷呈、有声有色。为此，我要求他们在持续构建现代供电服务体系的同时，作为"试验田"深入推进云南电网特色数字化转型。2021年9月16日，南方电网公司孟振平董事长到公司调研并听取现代供电服务体系建设工作汇报，指出"要认识到体系建设总体还处于起步阶段和满足用户基本需求的阶段，需要继续探索实践，深挖用户潜在需求，推动用户价值实现，让用户真正得到解放。"按照孟振平董事长的要求，云南电网公司持续深化体系探索实践，楚雄供电局勇当开路先锋，依托数字化手段，积极搭建各专业业务监控"驾驶舱"，在云南电网公司系统内首创前台网格服务模式，率先实现体系中台实体化运转，探索出一条以云南电网特色数字化转型助力现代供电服务体系构建的实践创新之路。在顶层设计的科学引领和基层首创的示范带动下，云南电网公司逐步探索出了一条"以解放用户为引领、解放员工为驱动、数字化赋能为支撑的云南电网特色'双解放双促进'良性循环道路"。

值此公司上下全面贯彻落实党的二十大精神，深入开展学习贯彻习近平新时代中国特色社会主义思想主题教育之际，喜闻楚雄供电局把近年来贯彻落实南方电网公司解放用户理念，以数字化转型助力现代供电服务体系构建，创新落实"双解放双促进"的经验做法提炼成书。仔细阅读后，很有感触，深深被这些可敬可爱的基层干部员工所感动。楚雄供电局作为云南电网特色数字化转型助力现代供电服务体系构建的发源地、试验田和示范区，不但干出了成绩，还把经验总结、提炼、记录下来，书中记录的经验、成果值得大力推广，体现的勇于创新、善于实践的精神应予以大力点赞！

云南电网公司董事长、党委书记

2023 年 10 月

PREFACE 前言

在南方电网公司解放用户理念引领和云南电网公司"双解放双促进"实践指导下，楚雄供电局秉承"人民电业为人民"的企业宗旨，勇当先锋，上下齐心将网、省公司的工作部署付诸基层实践，边探索边总结边固化，蹚出一条以数字化助力现代供电服务体系构建的创新路径。本书把楚雄供电局这些年的实践历程、经验和成果作了系统全面地呈现，并以此为契机，激励大家立足本职，大胆创新、用心实践，不断提升用户服务能力，持续提高人民群众用电用能的获得感、幸福感和安全感。

在本书编写过程中，多位同志深度参与、深耕其中，结合自身工作实际，将数年工作经验和成果注入书中，凝聚了众多南网人的"工匠精神"。

本书主编吉德志同志，深耕电力行业30余年，先后在电厂、电网从事技术和管理工作，具有丰富的实践和管理经验，对电力系统发、输、变、配、用等各环节有着深入理解，承担了多项重大项目研究和建设，善于应用数字化思维解决生产经营中的实际问题，带领干部员工勠力同心、攻坚克难，努力探索供电服务新路径。

本书执行主编彭永春同志，有着丰富的电力生产、营销、基建等专业实践和管理经验，作为楚雄供电局现代供电服务体系中台台长，他有力统筹协调跨领域、跨专业的堵点问题，推动各层级、多专业深度协同，提升体系运转效能。执行主编董兴海同志，具有丰富的基层供电单位管理经验，作为楚雄供电局分管供电服务的负责人及体系建设的探索者，他深入底层业务，敏锐捕捉用户用电需求和难题，带领大家挖掘出一系列为用户服务的举措，并和编写团队夙兴夜寐奋斗在整个编写过程中。副主编陈迎霞、聂跃昆、谭向东、曾祥辉、彭君娟同志及编委会成员张家荣、董俊贤、刘兴龙等同志，结合多年工作经验，多次为本书提供了业务指导，提出了修改意见。

　　编委会中还有很多基层一线员工。编写组的张超，投身一线，带领供电服务中心团队积极探索省、地、县三级联动服务模式，并把实践经验总结为办法、固化为机制，以好读、易懂的语言文字将团队所做融入书中。编写组的何欣怡，从事基层前台服务工作，深入了解用户需求，并深度参与中台管理工作，为构建服务用户"同心圆"贡献了自身力量。编写组的王卓珺，跨专业参与到数字化转型章节的编写中，通过对大量数字化相关书籍、文件的学习，快速转换角色助力编写工作。编写组的刘长喜，一直专注于电力营销工作，为用户办理用电业务、解决用电问题，让用户能早用电，看到楚雄供电局的成效亮点和经验做法能够被推广使用，他深感自豪。编写组的薛雅榕，有着电力数字化转型相关学习经历，在工作中她运用数字化思维对电力资产全生命周期进行管理，在本书编写过程中积极分享自身工作思路和经验。编写组的黄紫菌，专注于营销工作十余年，是电费电价领域的专家，通过参与现代供电服务体系建设及本书的编写，对营销全业务监控有了更多好的思路。编写组的姬彬，从事科技创新与数字化工作，将数字化技术与日常业务相融合的经验总结提炼到本书中。编写组里还有一位刚刚入职的新员工杜选高，他抓住本次契机，不仅提升了文字写作功底，还深入了解了楚雄供电局现代供电服务体系运转思路、机制和举措，更快速地融入了企业工作。

参与编审工作的周朝龙，是汉语言文学专业的科班生，长期扎根基层党务岗位，曾获南方电网公司"青年岗位能手""优秀党务工作者"和云南电网公司"先进生产（工作）者""学习型标兵"等荣誉，在本书编写工作中发挥了专长优势，积极建言指导编写。参与编审工作的黄飞，长期扎根文秘岗位，先后从事企业文化和行政事务工作，对企业的宏观发展有着清晰的理解，也有着细腻的文笔，在编审和写作方面做了大量积极有效的工作。参与编审工作的周东杰，长期从事供电服务相关工作，对电网企业优化用电营商环境、现代供电服务体系建设、配抢指挥及服务调度等工作有着深刻理解及丰富的工作积累，他主动将多年的工作经验贡献输出至本书，对本书相关内容做出了专业、细致的指导。参与编审工作的吕吉生，经历过市场营销、新闻宣传、内刊编辑、党建、工会以及县级供电单位管理等多个岗位锻炼，有较强的逻辑思维和文字功底，多篇文章在省部级报刊发表，还多次在南方电网、云南电网比赛中获奖,曾获云南电网公司"优秀党务工作者"等荣誉,他积极参与本书编审,建言献策,以独特视角和独到见解为本书编写发挥了积极作用。

这些同志只是本书众多编写人员的一个缩影,还有很多为本书助力的电力工作者,他们坚守初心、牢记使命,是他们对工作的满腔热情和家人、朋友的不断鼓励和支持,使本书编写工作得以圆满完成。在本书出版之际,衷心感谢所有参与本书组织、编写和校核工作的同志;衷心感谢本书所有的策划、编辑和出版工作人员。还要特别感谢云南电网公司的指导与帮助,在本书编写过程中,得到了云南电网公司张亚、毛正东、施勇、陈婷、侯钰铭、曹敏、王有山、孟维丽娅、许睿、吴晓刚、左林润泽等同志及资深出版专家苗羽强同志的大力指导,他们为本书提出了许多建设性的意见和建议。

解放用户是一个博大的课题,楚雄供电局作为探索者在研究和实践中也存在不足之处,加之环境和形势正在深刻变化,更需要在践行解放用户理念、实践"双解放双促进"管理创新的路上不断探索、勇毅前行。由于时间仓促,本书难免出现疏漏,敬请读者批评指正。需要说明的是,本书中所称的"彝州""楚雄州""楚雄"均指云南省楚雄彝族自治州,且在编写过程中参考、引用了一些专家学者的观点,仅列出参考文献清单,没有在文中注明,敬请谅解。

编者

2023 年 10 月

CONTENTS 目录

序言

前言

第一章　开创服务彝州电力新局面 1
　　第一节　勇于实践当先锋 4
　　第二节　因地制宜觅路径 17

第二章　助力用户价值实现 27
　　第一节　聚焦用户需求推动价值发现 30
　　第二节　提升供电能力共促价值创造 37
　　第三节　围绕用户痛点助力价值实现 56

第三章　推动组织架构优化 71
　　第一节　构建敏捷前台 激活"末梢神经" 74
　　第二节　搭建高效中台 建强"中枢大脑" 90
　　第三节　打造坚强后台 铸造"无忧后方" 112

第四章　共促生态朋友圈建立 123
　　第一节　政企协同谋发展 125

第二节　企企合作促共创 132
　　第三节　群企联动创和谐 134

第五章　评价反馈促持续改进 139
　　第一节　用户价值评价定向 141
　　第二节　组织能力评价立本 143
　　第三节　生态伙伴评价筑链 150
　　第四节　持续改进提质增效 151

第六章　数字赋能强支撑 153
　　第一节　把握数字化转型关键 156
　　第二节　打磨各业务领域"珍珠" 164
　　第三节　打造连接"珍珠"的"驾驶舱" 169
　　第四节　数字化助推价值共创 176

第七章　"双解放双促进"良性循环 189
　　第一节　深入实施"两化促两型" 192
　　第二节　聚力打赢"痛难堵累"歼灭战 196
　　第三节　着力打造"三个标杆" 200
　　第四节　全面建成现代供电服务体系 206

参考文献 211

跋 213

第一章 开创服务彝州电力新局面

第一章 开创服务彝州电力新局面

中国南方电网有限责任公司（以下简称"南方电网公司"）自2002年成立以来，始终立足服务型企业本质，践行"人民电业为人民"的企业宗旨。2019年7月，南方电网公司董事长、党组书记孟振平提出电网企业解放用户理念，为公司所属单位系统性解除用户束缚、提升企业发展水平提供了理念指引。

云南电网有限责任公司（以下简称"云南电网公司"）是南方电网公司旗下服务云南经济社会发展的电力央企，在南方电网公司解放用户理念的指引下，走出了一条具有云南特色的服务强企之路，形成了"双解放双促进"的治企实践管理创新成果，为云南电网公司各地市级供电单位提供了实践指导。

云南电网有限责任公司楚雄供电局（以下简称"楚雄供电局"）立足楚雄、服务彝州，以解放用户理念为引领，以"双解放双促进"为实践指导，争做电网企业改革的促进派、实干家、先锋者，开启彝州供电服务的变革之路。在探索与实践中，凝聚了"始于用户需求、终于用户满意和价值共创"的共识，搭建了供电服务"大循环"和各专业管理"小循环"。以数字化支撑"干、管、盯"机制有效运转，通过"干、管、盯"

机制支撑各专业管理"小循环"正常运转,"小循环"支撑供电服务"大循环"螺旋式提升;探索出了一条以数字化助力现代供电服务体系构建的创新路径,开创了服务彝州经济社会发展的电力新局面。数字化助力现代供电服务体系构建如图1-1所示。

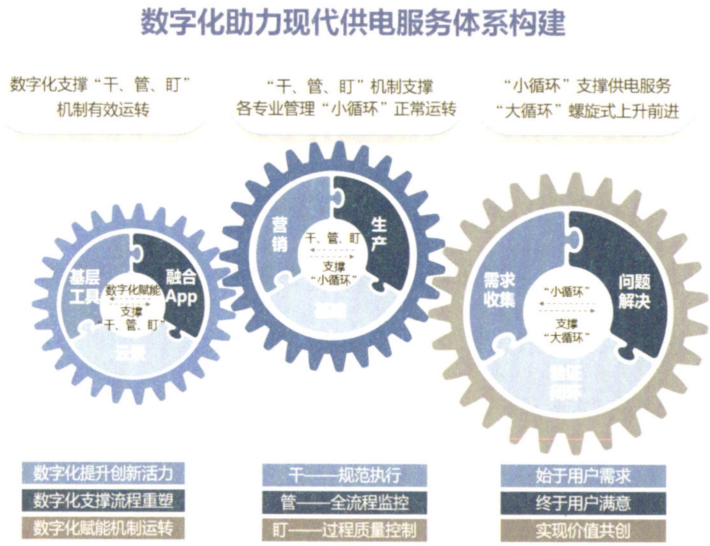

图1-1 数字化助力现代供电服务体系构建

第一节 勇于实践当先锋

一、用户对美好生活的电力需要日益增长

中国特色社会主义进入新时代,我国社会主要矛盾已经转化为人民日益增长的美好生活需要和不平衡不充分的发展之间的矛盾,电力发展趋势和人民用电需求也发生了新的变化。过去夏天用风扇来消暑,现在

空调、新风系统带来了更舒适的纳凉体验。以前用户家中传统的电子消费品是电视机、洗衣机、冰箱，现在很多家庭已经配备了全套智能家居系统，家庭生活更趋智能化。这一系列的发展变化都对电网的供电能力、电能质量及供电服务提出了更高要求，用户用电用能需求不仅仅是"用上电"，更是"用好电""智慧用电"等更高需求。

随着经济社会的发展，数字技术运用更加广泛，"数字社会"[1]已深入百姓生活方方面面，带来了诸多便利。比如，我国教育数字化战略行动全面实施，国家智慧教育公共服务平台正式上线启动，建成了世界第一大教育教学资源库。又如，我国已经有多个地方政府上线政府数据开放平台，数字政务发展水平快速提升，办事不再到处跑。再如，"市市通千兆、县县通5G、村村通宽带"已经实现，让通信更便捷。"数字中国"建设不断取得进展，百姓的生活和生产也在日新月异地改变，尤其对于以"00后"为主体的"数字原住民"[2]，业务和服务的数字化、便捷化、个性化已成为刚需，如何用数字化赋能供电服务对电网企业提出了更高的要求。

二、构建现代企业的需要日益迫切

现代企业有四个特征，分别是产权清晰、权责明确、政企分开、管理科学。其中，管理科学需要企业内部以市场需求为中心，以发挥人和科学技术的作用为重点，建立一套科学合理的管理制度。随着经济社会

---

[1] 数字社会：因数字化、网络化、大数据、人工智能等现代信息技术的快速发展和广泛应用而诞生的社会文化形态。
[2] 数字原住民：在网络时代成长起来的一代人。

的快速发展和科技的飞速进步，电网企业需要适应社会的需求和变革的趋势，通过现代化的管理模式和技术手段，不断提升供电服务质量，为社会提供更加可靠、高效和安全的电力供应。以数字化助力现代供电服务体系构建，是楚雄供电局对科学合理管理制度的探索。

以构建现代企业为目标，电网企业需采纳先进的管理模式和技术手段，与用户进行紧密合作，共同推动电力行业的发展，为经济社会发展提供有力支持。现代供电服务体系建设是电网企业构建现代企业的重要路径，将用户需求置于首位，从用户的角度出发，提供个性化、高质量的电力服务，加强和用户的沟通与合作，了解用户需求，并根据用户的反馈不断改进和优化服务。

数字化是构建现代企业的重要支撑。随着信息技术的发展，数字化赋能已经成为各行各业的发展趋势。电网企业也不例外，通过先进的信息技术，实现对电网设备的远程监测和控制，提高设备安全性和运行效率。利用大数据分析技术，对电力系统进行优化和调度，提高供电质量。通过智能电表和数字电网技术等，实时掌握用电情况，为用户精准提供个性化的用电建议，帮助用户降低用电成本，节约能源。

楚雄供电局要加快构建现代企业，需围绕现代供电服务体系的基本特征[1]，以现代供电服务体系建设为切入点，以数字化为重要支撑，聚焦用户

---

[1] 现代供电服务体系的基本特征：基础业务效率明显提升；"基础+"服务取得新突破；前台渠道融合及服务队伍整合基本完成；"前中后"台组织架构搭建成型；数字化转型取得实质性进展；服务生态模式初步呈现；用户需求得到快速响应和有效满足；安全感、获得感和幸福感显著提升；用户平均停电时间、获得电力指数、第三方客户满意度指标持续向好，达到或接近世界一流水平。

价值，牢牢把握用户思维，精准洞察用户需求，与用户共创价值。

三、企业发展还面临诸多的制约因素

组织变革是一个组织持续发展的有效途径，组织的外部经营环境、内部条件变化以及本身成长的新要求，都会推动组织结构变革。组织变革是一项"软任务"，有时不改变组织结构，组织也能暂时适应社会发展新变化，但会在经济社会的发展中逐渐消亡，因此主动进行组织变革显得尤其重要，当组织出现业绩下降、生产经营缺乏创新、机构本身病症显露、员工士气低落等现象时，便是组织变革必要的时机。组织变革需要有创新精神，创新是对未知事物的尝试与探索，是一个不断尝试、不断总结、不断提高的过程，想要解决不同地区、不同时期的问题，必须进行探索实践和创新。

组织变革往往面临诸多的制约因素，需要认真地对组织所处的内、外部形势进行客观分析，找准问题并"对症下药"，寻得组织变革最佳路径。

从外部形势看，楚雄州地形地貌复杂多样，多为高山、丘陵和盆地，山路崎岖险峻，电网运维难度大、成本高。随着近年来风电、光伏迅速发展，"看天吃饭"的特性日渐显现，一旦气候波动、光照不足，发电量就会断崖式下降，传统的电力电量平衡技术亟须转型升级。水电蓄能也受制于降雨等气象条件，电力电量"硬缺口"形势复杂多变。

从内部形势看，楚雄电网发展的制约因素主要集中在电网网架结构、电力技术水平、数字化支撑能力、服务能力和意识四个方面。一是主网安全运行风险较高、配网网架基础薄弱，楚雄州地处滇中腹地，是西电东送的重要枢纽，电网一旦发生故障可能导致我国东部地区大面积停电，主网安全稳定运行压力较大；配网网架结构薄弱、设备水平较低，在大风、山火、雷雨等自然因素影响下，容易发生设备缺陷、故障跳闸等问题，导致运维抢修人员人身安全风险及用户抱怨居高不下。二是智能配电网技术有待提升，随着分布式能源装机不断增加，随机性、波动性强的新能源大规模并网，电动汽车、分布式电源等交互式设备大量接入，对电网电力平衡、无功调节、电能质量控制等方面提出了更高要求，配电网从无源网变为有源网，使得运维管理更加复杂，传统的配电网技术亟须转型升级。三是数字化支撑能力不足，传统信息化建设偏业务层，管理层及决策层的数字化、智能化支撑不足，数字技术、数据生产要素价值尚未充分挖掘，缺乏体系化的中台①设计和建设方法，未建立体系化中台运行机制，难以支撑业务及管理需求。四是服务能力和意识不足，楚雄供电局各专业业务融合不充分，与数字化转型相适应的信息系统搭建还未完全实现，技术与业务之间不能有效形成合力，同时员工主动服务的意识不强，使得用户需求响应速度慢、服务效率低。

四、解放用户是破局良方

"解放用户"就是要站稳用户立场，聚焦用户价值，除了满足用户

---

① 中台：指解放用户的 VOSA 模型中组织能力体系的中台。

功能需求之外，还关注用户的社会属性，更聚焦激发用户主体活力，充分发挥用户的主观能动性，共同参与价值创造过程，以实现价值共创。电网企业需牢牢把握电网基础设施公共服务属性，发挥自身特有优势，不断满足人民美好生活多样化、多层次、高质量的用电用能需求。

解放用户理念的落地路径是 VOSA 模型，以发现用户价值为起点，聚焦为用户创造价值，在不断重塑组织能力的基础上，紧密聚合生态伙伴，通过全过程动态评价反馈，持续迭代完善价值共创过程，从而实现用户、企业、生态伙伴的价值最大化。解放用户的 VOSA 模型包括用户价值体系、组织能力体系、生态伙伴体系、评价反馈体系。用户价值体系解决的是"什么是用户价值"以及"用户价值如何实现"的问题。组织能力体系解决的是"为了实现用户价值，组织应该具备什么样的组织能力"的问题。生态伙伴体系解决的是"当组织自身无法独立满足用户需求时，组织应该寻找什么样的伙伴一起为用户创造价值"的问题。评价反馈体系解决的是"组织是否为用户真正创造了价值，如何持续迭代改进"的问题。解放用户的 VOSA 模型如图 1-2 所示。

现代供电服务体系建设是解放用户理念 VOSA 模型的具体实践，系统回答"用户需要什么""我们自己怎么干""我们和别人怎么干""干得怎么样"四大关键问题。洞察用户用电用能的"急难愁盼"问题，梳理供电企业帮助用户实现价值过程中存在的问题，将现代供电服务体系建设思路深度融入业务，为用户提供多元化和个性化的供电服务。通过现代供电服务体系建设，探索一套从洞察用户需求到为用户创造价值的运营机制，形成一套成熟的业务流程和标准制度，凝聚一群协作共享的生态伙伴，锻造一批既懂电网业务、又懂用户需求的复合型人才，充分解除用户束缚，释放用户潜能，激发用户活力，实现企业与用户价值共创。现代供电服务体系框架如图 1-3 所示。

图 1-2　解放用户的 VOSA 模型

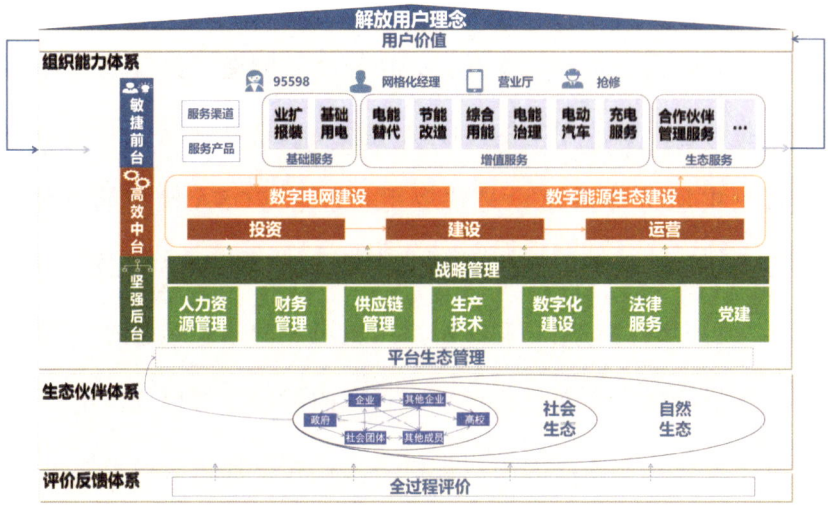

图 1-3　现代供电服务体系框架

数字化是支撑现代供电服务体系构建的关键手段。数字化助推用户价值实现更高效，及时洞察和快速响应用户需求，提升用户体验和参与度，助力用户价值发现、创造和实现；数字化助推组织架构优化更顺畅，搭建"前中后"台①，提升用户用电问题解决质效；数字化助推生态伙伴联系更紧密，聚合生态"朋友圈"，协同多方资源服务用户；数字化助推用户评价反馈更精准，持续改进助推企业高质量发展。

五、"双解放双促进"是实践指导

"双解放双促进"是云南电网公司在解放用户理念指引下治企实践的管理创新，是解放思想、实事求是、守正创新的实践成果，是落实以人民为中心的发展思想和全心全意依靠职工办企业的集中体现。其内涵在于"以解放用户为引领、解放员工为驱动，通过解放用户，促进基层减负，进而解放员工；通过解放员工，促进以更多精力加强保障、优化服务，更好实现解放用户"。其中，解放用户是目标和方向，是价值追求；解放员工是驱动之源，是核心动能。解放用户和解放员工的"双解放"相互作用、齐头并进，形成"双促进"的良好局面并不断良性循环。解放用户理念云南实践路径如图1-4所示。

---

① "前中后"台：此处特指解放用户的 VOSA 模型中组织能力体系的前台、中台、后台。

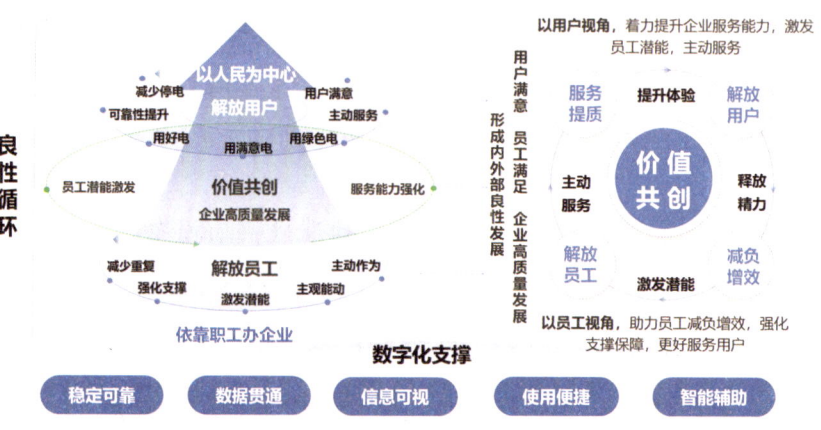

图 1-4　解放用户理念云南实践路径

六、创新实践是服务转型的必由之路

楚雄供电局站稳人民立场，厚植人民情怀，坚定不移服务党和国家大局，发挥电网企业在能源系统中的枢纽作用和电力市场化改革中的平台作用，切实肩负起落实国家重大战略的"国家队""主力军"和国民经济"稳定器""压舱石"的职责和使命。把"人民电业为人民"的企业宗旨，"万家灯火 南网情深"的品牌形象，"一切事故都可以预防"的安全理念，落实到"满足人民对美好生活的电力需要"的实际行动中（图 1-5）。

2020年2月，云南电网公司印发《全面提升配网管理水平，推动高质量发展各领域专项提升方案》（以下简称"配网十大提升工程"）。楚雄供电局党委经过广泛调研，提出"按片、按线、按台区"的配网综合治理

第一章　开创服务彝州电力新局面

模式，各县级供电单位因地制宜，纷纷探索实践，形成了百花齐放的局面。楚雄元谋供电局配网隐患综合治理工作开展如火如荼，走在楚雄各县级供电单位前列；楚雄牟定供电局在智能交费、计量系统、营销数字化应用等方面先行先试，取得了显著成效；楚雄鹿城供电局在"反习惯性"违章和主动运维工作方面卓有成效……总体来讲，楚雄供电局已经具备了现代供电服务体系构建的基础条件。

图 1-5　万家灯火　电亮彝州

在此基础上，楚雄供电局蹄疾步稳，以昂扬的奋斗姿态走出现代供电服务体系建设的特色之路。2020 年 11 月，楚雄供电局组织人员"走出去"对标学习。2020 年 12 月，楚雄供电局党委专题研讨现代供电服务体系建设路径。2021 年 1 月，云南电网公司市场营销部、电力客户服务中心、科技创新与数字化部等部门汇集楚雄，吹响了现代供电服务体系建设集结号。楚雄供电局从数字化比较显性、效果直接和易衡量的营销领域入手，组建成立营销业务监控运营团队,实现营销重点指标和用户服务全过程监控,在短时间内取得明显成效。2021年4月,利用数字化工具将客户服务、业扩报装、计量管理、抄核收四类业务纳入监控运营,随即完成核心业务流程四个专题"一张图"[1]的研发,并固化到系统。2021年5月,楚雄供电局在云南电网公司系统内率先完成了四种网格服务模式的探索实践。2021年7月,楚雄供电局在持续构建现代供电服务体系的同时,作为"试验田"深入推进云南电网特色数字化转型。2021年9月,楚雄供电局在云南电网公司地市级供电单位率先实现现代供电服务体系中台实体化运转,并走上了以数字化助力现代供电服务体系构建的创新实践之路。

➲ 案例1-1

配网整治"七星组合拳"

随着楚雄州元谋县经济的飞速发展,电网建设、设备运维、用户服务与元谋县人民日益增长的用电需求之间的矛盾凸显。一方面,楚雄元谋供电局电网网架薄弱,10千伏线路可转供电能力低;部分线路供电半径长、架设年代久;部分线路老化、设备老旧,已不满足安全运行要求。另一方面,配网故障高发,"以故障抢修代替日常运维"情况突出,2019年中压配网故障率高居楚雄电网第一位,高故障带来了高频次的抢修。而且,

---

[1] 四个专题"一张图":通过数字化手段对客户服务、业扩报装、计量管理、抄核收四类营销业务的关键流程节点进行可视化监控,开发了服务一张图、业扩一张图、计量一张图、抄核收一张图,实现了四类营销业务的数字化管理。

用户侧安全问题多、用户用电需求多，当地老百姓普遍通过延长接线等方式取电进行抽水灌溉，取水极不方便，重过载、低电压问题和涉电公共安全隐患突出。楚雄元谋供电局以云南电网公司安全生产翻身仗、配网提升十大工程为契机，按照"按片、按线、按台区"治理的思路，采取"先体检止血、接着锻炼提升"的配网提升策略，精准施策、上下齐心，打出了一组配网整治"七星组合拳"，全方位"围剿"中低压配网存在的问题。

第一拳：常训常练，提升技能。固化月、周常训常练模式，采取沉浸式、场景式、学练结合等学习方法，促进一线员工形成遵章守纪的"肌肉记忆"。以"两册"[①]为核心，采取集中培训、送教上门相结合的方式，推进"两册"有效落地，将基层减负工作落到实处。

第二拳：摸清家底，快速止血。深入基层和现场，与所队、班组员工共同查找、分析问题，"按片、按线、按台区"开展"地毯式"配网隐患排查。针对查出的隐患，按照轻重缓急原则，制定树障清理、局部紧急安全隐患处理及"整村推进"线路改造三大措施，针对片区问题的复杂程度，选择一种或多种举措进行综合治理。

第三拳：按片按线，系统规划。组建配网规划专项工作组，全面梳理近年来故障高发、重过载、用电接入受限、低电压等

---

① 两册：指云南电网公司配网"两册"，包括管理手册、业务手册。

突出问题,精心编制"一县一可研""一所一方案""一线一册"。

第四拳:区域推进,综合治理。对低压配电网整体老化、接电不规范情况突出的区域,以"整村推进"式开展树障清理、三相负荷不平衡调整,采取新增布点、配变更换、导线改造等措施。

第五拳:创新思维,联建联创。由全国技术能手领衔,组建职工创新工作室,与云南电网公司电力科学研究院结成工作室联建联创,共同研发应用"电网经济性运行分析平台"。成立线损计量攻坚小组,开展现场计量装置故障排查处理攻坚战。

第六拳:用电安全,联合治理。协同县(市)、乡镇、村三级力量开展用电安全联合整治,指导用户提高安全用电水平。

第七拳:创新模式,精准服务。依托职工创新工作室平台,研发出"智慧灌溉共享终端"等成果,助力用户服务模式创新。某低压线路治理前后对比如图1-6所示。

(a)治理前　　　　　　　　　　(b)治理后

图1-6　某低压线路治理前后对比

第二节　因地制宜觅路径

为了实施好数字化助力现代供电服务体系构建，楚雄供电局应用SWOT分析法，从自身优势（Strengths）、自身劣势（Weaknesses）、外部竞争上的机会（Opportunities）和外部威胁（Threats）四个维度对所处现状进行了全面、系统的研究。

自身优势在于楚雄供电局以供电可靠性提升为"总抓手"的管理要求深入人心，覆盖各层级、各专业。数字电网建设及数字技术应用取得初步成效，电网智能化、信息化、自动化水平显著提升，为管理流程化、信息化、标准化、规范化提供技术支撑。生产规模、经营业绩不断壮大和提升，新兴业务、共享服务支持等业务有序发展。组织架构及人力资源配置不断优化，人才培养、激励约束机制不断完善，用电营商环境持续优化，用户用电满意度不断提高。自身劣势在于楚雄供电局部分员工的服务意识和技能水平与现代供电服务体系的目标要求有一定差距，数字化转型更多还停留在数字技术应用层面，实现业务数字化目标任重道远，创新机制有待完善、创新活力有待提升。外部竞争上的机会在于楚雄州用户用电需求日益增多，全社会用电量持续增长，电烤烟、电制茶、抽水灌溉等地方特色用电需求日益凸显。楚雄州拥有得天独厚的光伏资源和滇中区位优势，有着良好的新能源发展前景。外部威胁在于楚雄州地形地貌复杂多样,山区面积占比高,山路崎岖、险峻,电网运维难度大。新能源受气候条件影响较大,具有随机性、波动性、间歇性、逆调峰等特性,大规模并网对电网安全稳定提出新的要求。通过SWOT分析,进一步坚定了楚雄供电局"以数字化助力现代供电服务体系构建"的决心。

一、树立以用户为中心的价值导向

坚持"为客户创造价值"的服务理念,将用户问题[①]视为提升企业管理水平的机会,挖掘企业核心价值增长点。解决用户问题,需要更加重视洞察用户需求,真正找到制约用户用电用能体验的"急难愁盼"问题。楚雄供电局以降低电网风险和解决配网突出问题三年攻坚行动(以下简称"三年攻坚行动")、现代供电服务体系建设为载体,持续补强电网,提升供电质量,构建"前中后"台协同运转机制,高效解决用户问题,提升服务质量。

2021年9月16日,南方电网公司董事长孟振平到云南电网公司调研时听取了楚雄供电局现代供电服务体系建设情况汇报,重点询问了"南网在线"智慧营业厅[②]推广、中台运营监控平台建设、基础业务开展等情况。孟振平董事长要求,要全面贯彻习近平总书记以人民为中心的发展思想,坚决落实新发展理念,扎实推进高质量发展。坚持系统思维,鼓励大胆探索,

---

① 用户问题:泛指用户在用电过程中存在的"停电多""电压低""流程长""速度慢"等一系列供电服务体验问题。这些问题是企业以用户视角去看待、去解决的重点。
② "南网在线"智慧营业厅:包括"南网在线"App、微信小程序、微信公众号、支付宝生活号等线上服务渠道。

运用解放用户的VOSA模型构建现代供电服务体系，聚焦为用户创造价值。以洞察用户需求为基础，对各类用户用电特性进行剖析，利用新技术、新方法、新工具，深挖用户潜在需求，推动用户价值实现，让用户真正获得解放。重塑组织架构，发挥基层首创精神，结合实际构建"前中后"台组织架构，充分授权一线员工，提升组织决策和协同效率。构建能源服务生态圈，充分发挥电网企业"牵引力"作用，当好能源上下游产业链"链长"，聚拢多方合作伙伴，实现跨界合作，为用户提供基于用电用能服务的一揽子解决方案。

对照现代供电服务体系建设要求，我们认识到目前楚雄供电局缺乏的不是资源，而是整合资源的能力，践行解放用户理念的过程，恰恰是提升整合资源能力的过程。发展需要可持续，满足用户用电用能需求也是一个不断持续改进的过程。通过现代供电服务体系构建，以用户需求为出发点，协同供电企业各层级、各专业高效解决用户问题，聚合多方生态合作伙伴共同解决用户问题，最终实现用户、生态伙伴、供电企业的多方共赢。至此，"始于用户需求、终于用户满意和价值共创"的共识得到楚雄供电局干部员工广泛认同并积极实践。

始于用户需求的关键是全面洞察、收集用户基础需求，深入挖掘潜在需求，将用户用电问题及时准确地传递到问题解决部门处置，并跟踪解决情况。在获取用户需求时，部分用户并不是很清楚自己的需求，供电企业也往往会陷入"无条件满足"的误区。比如说，用户需要用电抽水、需要三相动力电加工农副产品等，电网企业首先考虑的是装表接电甚至立杆架线。当这个用户的需求满足后，周边其他用户也提出同样的需求，又要重复前面的流程。如此往复，不仅浪费了资源，还带来用电接入受限、特殊时段变压器存在过载风险等问题。通过按片、按区域开展系统的需求收集，用户、村委会与供电部门共同规划合理的抽水布点和农副加工用电布点，制定科学合理的电网建设策略，才能在用户需要的时候及时供电。

终于用户满意和价值共创，是在不断满足用户基本需求的基础上进一步升华，与用户建立良好的合作关系，本着互利互惠共赢的思路开展工作。楚雄供电局坚持以用户为中心，对照VOSA模型，聚焦突出问题，以现代供电服务体系建设为切入点，以用户需求为驱动，以数字化转型为支撑，整合服务、人力、数据、渠道等资源，驱动各专业、各层级由传统的"专业管理"向"用户需求管理"转变。推动生产、营销、基建等专业融合，探索"实体+柔性"中台运转模式，建立现代供电服务体系中台管理手册、业务手册、运营程序、评价标准等制度，打造规范化流程、标准化场景，支撑中台高效运转，使用户需求得到快速响应和有效满足。

在构建现代供电服务体系和推进数字化转型过程中，通过运用"干、管、盯"机制让精益求精的管理方式融入各专业、各领域当中，持续建强电网网架，支撑服务能力提升，在基础业务管理水平持续提升的同时，高效解决用户问题，满足用户个性化、多元化需求，稳步提升第三方客户满意度和"获得电力"指标，形成多方共赢的局面。

二、形成"小循环"支撑"大循环"的实现路径

在实践过程中,楚雄供电局凝聚了"始于用户需求、终于用户满意和价值共创"的共识,搭建了供电服务"大循环"和各专业管理"小循环"的运转模式。以数字化支撑"干、管、盯"机制有效运转,通过"干、管、盯"机制支撑各专业管理"小循环"正常运转,"小循环"支撑供电服务"大循环"螺旋式提升。"大、小循环"运转逻辑如图1-7所示。

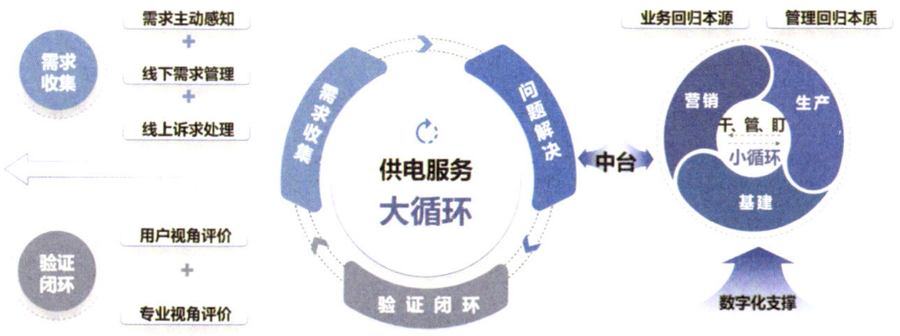

图1-7 "大、小循环"运转逻辑

(一)打造供电服务"大循环"

"大循环"是以解放用户理念为指引,把"始于用户需求、终于用户满意和价值共创"的共识通过数字化的方式实现。具体讲就是以现代供电服务体系建设为切入点,突出用户主体地位,构建"前中后"台业务和组织模式,高效协同满足用户需求。前台通过营销融合App[①]、微

---

① 营销融合App:云南电网公司将原来营销业务办理涉及的多个App整合成一个App,供一线员工使用。

信用电问题收集小程序、RPA①等数字化工具深入收集、洞察用户需求,为用户带来便捷的用电体验和顺畅的问题反馈渠道,实现问题就快、就近解决。中台通过数字化工具对前台收集的问题进行分拣传递、跟踪治理进度、验证闭环,实现问题分析、处置、监控全流程可视化管理,推动各层级、各专业纵横协同解决用户问题。后台发挥资源支撑保障作用,通过数字化工具运用,减少资源浪费和滞留,强化资源、优化配置,提升资源利用率。通过"前中后"台高效运转及数字化支撑,实现以用户需求全生命周期管理为核心的"大循环"有序运转,逐步提升用户满意度,实现价值共创。

楚雄供电局以现代供电服务体系为统领,把提升供电可靠性、完善电网网架、优化用电营商环境、提高用户满意度的目标放到现代供电服务体系建设的整体框架中去思考和谋划,以用户视角将体系建设贯穿电网建设运营、生产运维、用户服务各环节。深入推动云南电网公司"1+3+3"方案计划②落实落地,全面建设楚雄特色现代供电服务体系。

(二)构建各专业管理"小循环"

在精益管理的基础上,楚雄供电局构建各专业管理"小循环"。精

---

① RPA:机器人流程自动化(Robotic Process Automation),指利用软件机器人技术实现流程的自动化处理,可用于日常工作中简单重复操作、量大且易出错业务、涉及内部系统过多等场景。

② "1+3+3"方案计划:1个体系方案即现代供电服务体系推广建设工作方案;3个抓手即供电可靠性提升"总抓手"、三年攻坚行动"硬件抓手"、优化用电营商环境和提升用户满意度"软件抓手";3个三年行动方案即供电可靠性提升三年行动计划、降低电网风险和解决配网突出问题三年攻坚行动计划、全面提升"获得电力"服务水平持续优化用电营商环境三年行动方案。

益管理要求企业的各项活动都必须运用"精益思维",其核心就是以最小资源投入,包括人力、设备、资金、材料、时间和空间等,创造出尽可能多的价值,为用户提供及时的服务。数字化技术赋能,打造营销业务监控、生产运营监控、变电智能运维、输电智能运维、电网建设指挥、综合服务、财务共享等各自领域的"驾驶舱"[1],形成在供电服务"大循环"内部多个"驾驶舱"四轮驱动的局面。将重点聚焦在业务模式的关键环节、关键指标上,回归到业务管理的本源,基于各业务信息平台开展"可视化""穿透式"监控。比如说,在解决具体问题时,生产和基建的解决措施流程是不一样的,需要在专业领域内进一步细化,形成内部管理的机制,也就是"小循环"。"小循环"的核心就是"干、管、盯"机制,让每一个专业的管理形成一个PDCA[2]。

"干"是基层员工按照业务规范及管理要求开展业务工作,及时进行异常处置。基层员工按照企业内部的"两册"、业务管理规定、业务说明书、相关方案等要求,有序开展供电服务、设备运维、电网建设等具体工作并规范执行,响应管理人员的指挥决策;员工可直接使用业务App、业务系统等数字化工具开展具体业务的操作、办理,助力基层员工"只干一件事、干好一件事"。

"管"是各级专业管理人员对业务执行全流程及规范性进行管控。

---

[1] 驾驶舱:通过数字化手段,依托可视化平台,直观呈现各专业涵盖业务的内在逻辑、核心指标,帮助各专业进行决策,更好地开展工作。

[2] PDCA:美国质量管理专家沃特•阿曼德•休哈特提出,将质量管理分为Plan(计划)、Do(执行)、Check(检查)和Act(处理)四个阶段的基本方法,也是企业管理各项工作的一般规律。

各级专业管理人员结合实际编制业务规范及管理要求,指导基层员工规范执行;建立一套全业务、全流程监控系统,围绕业务办理环节、指标等开展监控及异常纠偏管理,对业务执行过程中的异常情况及时进行预警、告警、督办,确保异常及时发现、及时处理,实现"管得住结果"。

"盯"是各级运营管理人员负责专业业务发展与目标计划执行,监督和评估各专业业务工作,决策重大事项。通过数字化,重点对过程监控异常点、影响专业及业务规范执行的聚焦问题进行重点管控,盯住制约规范执行的关键。在重点问题"盯"的过程中,对整个业务发展进行监督和控制,实现"盯得住过程"。

三、打造数字化助力体系构建的"示范区"

楚雄供电局以用户为中心,始终聚焦用户价值,牢牢把握用户思维,精准洞察用户需求,与用户价值共创,通过重塑组织能力、聚合生态伙伴、反馈用户评价,最终实现用户、组织、生态伙伴的价值最大化。随着大数据、云计算和人工智能为代表的新技术及相关数字产业不断迭代升级,楚雄供电局深刻认识数字化技术对企业发展变革的重要性,快速融入数字化转型时代潮流,在全局营造数字化氛围,将数字化思维融入运营管理、业务流程、用户服务全过程,鼓励基层员工运用数字技术对业务进行优化。以数字化赋能为支撑,让企业生产运营更加高效,最终实现用户、组织、生态伙伴多方价值共创。

2020年,楚雄供电局完成供电区域内智能电表和集抄电表的全覆盖改造，标志着传统人工抄表成为历史，抄表业务全面进入数字化时代。同年10月，楚雄供电局将远程抄表数据用于电量电费结算，实现"电量自动抄、电费自动算、账单自动推"。拓宽"南网在线"App、支付宝生活号、微信公众号等服务渠道，用户在手机上就可办理用电业务，使电费更透明、交费更便利、用电更智能，实现智慧用电。以数字化转型支撑"干、管、盯"机制有效运转，搭建各专业管理"驾驶舱"，实现对各专业核心领域全流程穿透式管控，精准指挥问题处理，不断推动业务管理规范化。除此之外，"一县一可研"综合治理成效显著，聚焦用户需求的"扫码用电"装置广受好评，"按片、按线、按台区"配网隐患综合治理工作获得广泛认可。

楚雄供电局抢抓数字化转型的时代契机，牢牢把握现代供电服务体系建设试点单位与数字化转型"试验田"的工作机遇，因地制宜，探索一条具有楚雄特色的发展道路。一是抓住发展机遇，以解放用户理念为指引，以"双解放双促进"为实践指导，精准洞察用户需求、重塑组织架构、构建生态朋友圈、评价反馈持续改进，推动用户价值实现。二是结合发展实际，形成"大循环"与"小循环"的实现路径，通过供电服务"大循环"实现用户需求全生命周期管理,通过各专业管理"小循环"实现各专业领域内部精益管理。三是营造发展环境，供电企业的高质量发展离不开地方政企、企企、群企的联动合作，通过与地方党委政府、能源企业、大用户、消防部门、气象部门等建立合作关系，营造良好的外部环境和氛围，开创了彝州电力的新局面。四是制定实践策略，在浩浩荡荡的信息革命时代背景下，数字技术的应用推动企业生产方式、管理模式及商业模式变革。以数字化赋能为支撑，开展核心业务穿透式运营监控，让业务高效运转，通过设备、人和业务的数字化描述，使数字技术贯穿业务管理的全过程，助力用户服务和业务管理提质增效。

回望奋斗路，布满坎坷荆棘，但我们始终以"作示范、勇争先"的昂扬斗志，踔厉奋发、笃行不怠，坚定不移走好以数字化助力现代供电服务体系构建的实践创新之路，全力打造"示范区"。

第二章
助力用户价值实现

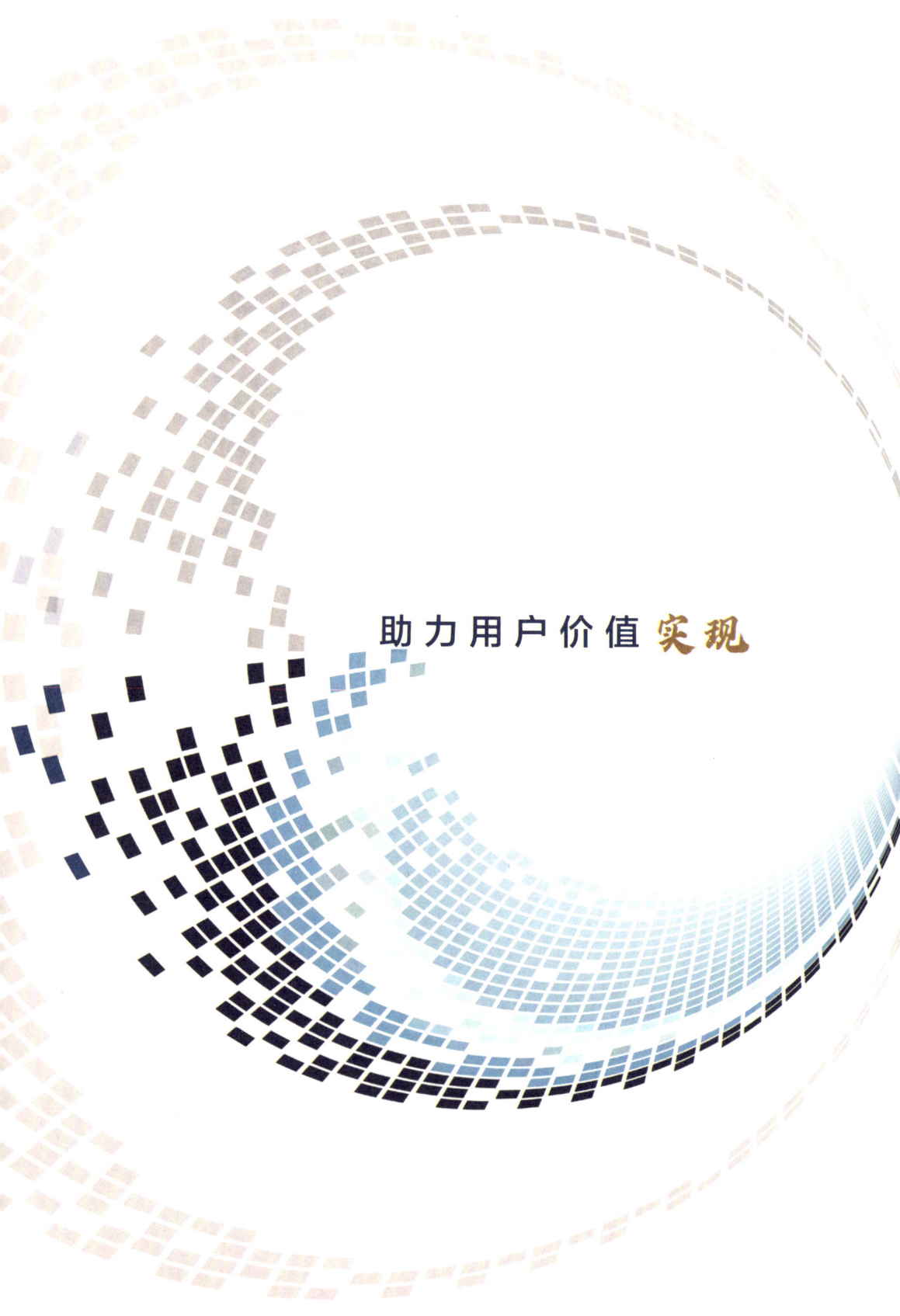

第二章 助力用户价值实现

解放用户理念的用户价值体系是企业深入洞察用户需求，与用户进行深度互动和价值共创，推动用户实现其价值的过程。用户价值体系包括用户价值发现、用户价值创造和用户价值实现三个部分，如图2-1所示。

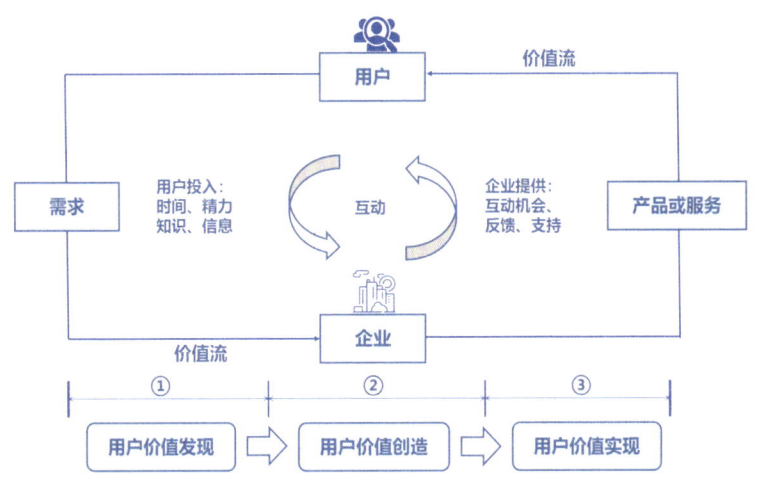

图2-1 解放用户的用户价值体系

用户价值发现是用户价值体系的基点，其核心在于精准洞察用户需求，通过多种服务渠道及各类信息化手段，让网格经理[1]发挥出

---

[1] 网格经理：根据网格划分情况，在网格内开展抄核收、客户服务、用电检查、业扩报装、计量管理、线损管理、安全管理等业务的工作人员。

"哨卡兵"①"侦察兵"②的职能，发现用户价值。

用户价值创造是用户价值体系的重要部分。针对少数用户反映的"饭煮不熟""电压低"等基础用电需求，建立多专业协同机制，进行电网设备改造，及时解决用户问题。对于个性化、多元化用电需求，构建"基础+"服务③新模式，满足用户多样化、多层次、高品质的需求，创造用户价值。

用户价值实现是用户价值体系的基本目标。在用户价值创造的基础上，聚焦供电服务水平提升，结合用户的评价与反馈信息，对服务过程进行运行分析和迭代升级，为用户提供良好的服务体验，实现用户价值。

第一节　聚焦用户需求推动价值发现

分析以往用户需求，我们发现，很多用户除了有电费账单查询、故障报修等直观表达的需求外，还存在一些未能精准表述的需求，也就是潜在需求。楚雄供电局依托前台服务资源，布防"哨卡兵"，配强"侦察兵"，深入运用数字化手段，多渠道、全方位广泛收集和深入分析用户需求，精准发现用户价值。

---

① "哨卡兵"：用部队的哨卡兵来比喻网格经理全面收集用户需求，并及时准确地录入系统。
② "侦察兵"：用部队的侦察兵来比喻网格经理主动挖掘用户需求，包含利用数字化工具进行深度分析，精准挖掘用户的真正需求。
③ "基础+"服务：在满足用户基础用电需求的基础上，聚合多方资源，为用户提供多元化、个性化用电用能需求的服务。

第二章 助力用户价值实现

一、布防"哨卡兵"强化需求收集

以往用户有用电需求时,往往需要到供电所或营业厅办理,路途往返让部分用户感到办电不够便捷。楚雄供电局积极探索以数字化技术为支撑的服务渠道,积极推广线上服务渠道,拓宽线下服务模式,进一步推动前台服务团队与用户便捷交互,为用户构筑起用电"哨卡兵"分队,全天候、全方位获取用户需求。用户可根据使用习惯自行选择服务渠道办理用电业务、反馈用电需求,从而织密需求感知"一张网"。图 2-2 为线上渠道中的"南网在线"智慧营业厅操作界面。

图 2-2 线上渠道中的"南网在线"智慧营业厅操作界面

网格经理主动加入村委会、社区、村民小组微信群，进一步贴近用户。因微信群存在数量多、覆盖区域广、信息量大等特点，网格经理可能漏看部分信息，导致用户需求得不到及时响应，楚雄供电局自主研发应用微信诉求管理RPA，以及时获取用户用电需求。

➲ 案例 2-1

"扫一扫、选一选"，剩下的交给我

"可不可以让用户在微信聊天的时候'扫一扫、选一选'，我们就能立即做出响应？"楚雄元谋供电局最早提出了这个问题。紧接着，他们开展了课题攻关，微信用电问题收集小程序（图2-3）就此诞生。网格经理将小程序二维码实地粘贴宣传，并在微信群发布。用户只需扫描二维码，选择相关的用电区域、业务类型并填报需求，就可将用电需求信息直接传递至网格经理，实现用户与网格经理之间的深入互动。

图 2-3　微信用电问题收集小程序

用户需求"随手反馈、全面收集"。"有没有一种可能，网格经理走村入户的时候能够及时、准确、便捷地获取用户需求，并纳入单位统一管理"。围绕这个问题，云南电网公司统一部署，开发了营销融合App，为网格经理走村入户收集用户需求搭建了数字化平台，实现用户需求"随手反馈、全面收集"。

二、配强"侦察兵"精准挖掘需求

随着社会的不断发展和变化，人民对美好生活的向往也在不断演变，这种演变也影响了人民对美好生活的用电用能需求变化。在出行主要靠骑马的年代，对于交通需求，可能会有人说："请给我一匹马，一匹跑得很快的马。"这代表了他希望能够以更快的速度到达目的地。然而，随着汽车的出现，出行方式不断升级变化，对于交通需求，可能有人会说："请给我一辆车，一辆性能很好的车，又稳又快的车。"虽然表面上看，这似乎只是关于交通工具的需求，但实际上背后蕴含着更深层次的需求——他们希望能够以更加便捷、高效的方式到达目的地。

作为电网企业，我们需要对收集到的用户需求进行进一步分析，透过这些表象看到需求的本质，从而精准挖掘用户真正的需求。过去，人们对电力的需求主要集中在基本生活、生产用电上，如照明、取暖等。现在，随着科技的进步和生活方式的改变，人们对电力的需求也变得更加多样化。例如，人们对电动汽车的需求不断增加，他们希望能够拥有一种环保、高效的出行方式。又如，人们对电力的需求也扩展到了智能家居领域，人们希望实现家居设备的联网控制，提升生活的便利性和舒适度。

我们需要不断了解社会的变化和人们对美好生活的向往，及时调整和优化电力供应，以满足用户日益增长的多样化需求。通过深入挖掘用户真正的需求，我们可以提供更加精准、高效、个性的"基础+"服务，为人们创造更美好的生活。

▶ 案例 2-2

党建引领解难题，为民服务守初心

楚雄元谋供电局党委针对辖区内部分用户私接抽水用电问题，以"改进作风、创新实践、奋发有为"为主题召开专题民主生活会。坚持以人民为中心的发展思想和"人民至上、生命至上"的理念，聚焦配网治理，讲认识、讲不足、讲举措，凝聚班子共识，坚定地把"解决菜农抽水用电难题和治理配网突出问题"作为检验"不忘初心、牢记使命"主题教育成果的重要标尺，作为党史学习教育"我为群众办实事"实践活动的头等大事，并立即向下动员部署，聚力攻坚"摸家底"。

基层党支部组建隐患排查党员突击队，摸清"底数"，形成"一村一册"。汲取智慧探思路，以党支部为单元，聚焦破解"一村一册"问题的措施，用好主题党日"学理论＋找差距＋做实事"机制，发动党员和员工群众开展"大讨论"。局党委从众多党

员的意见、建议中获得灵感：上古大禹克服重重困难，终于取得了治水的成功。我们能不能来个"小禹治水"，以疏导为主，既保配网运维安全，又保菜农放心用电，真正解放用户。基于这样一个想法，楚雄元谋供电局党委带领着干部员工集思广益，踊跃建言献策，最终形成"小禹治水"思路，决定实施"党建＋智慧灌溉共享用电"研发项目。

为推动"小禹治水"落地，楚雄元谋供电局党委书记带头挂点联系问题最突出的黄瓜园供电所党支部，班子成员分片联系，依托落实全面从严治党"一岗双责"实行"挂牌督战"，形成示范带动效应。黄瓜园供电所党支部坚持唱主角、打头阵、挑大梁，党支部书记牵头组建电网规划、隐患治理2支党员突击队和1支党员服务队，与凹鲊村委会开展支部联建，实现隐患同治、项目联推、党建共促，根据每村水源点、农产品及电网特点，形成"一村一策"抽水用电整体规划。依托职工创新工作室平台，与云南电科院"星火电研"工作室联建，获得技术支持，在黄瓜园供电所试点，成立"专家＋党员＋技术骨干"攻坚团队，充分运用党支部主题党日和党课平台，集中学习物联网、人工智能知识，邀请云南电科院专家授课，厘清思路、激发智慧，经过屡败屡试的实践，研究出"智慧灌溉共享用电终端"，实现手机扫码用电抽水，通过开发高精度的漏电保护硬件降低抽水触电风险，再通过"三相负载"自动调节功能提升电能质量,保障菜农放心用电(图2-4)。

图2-4 用户使用手机在田间地头"扫码用电"

楚雄供电局应用数字化和信息化手段,依托计量自动化、配电自动化等系统,深入挖掘数据价值,主动感知用户需求,发现用户价值,建立精准洞察用户需求的"侦察兵"队伍。研发停电态势感知RPA,主动抓取计量自动化系统实时离线终端信息、停电告警终端明细等数据进行停电研判,输出实时停电线路、台区清单,实现停电主动感知,支撑网格经理做好停电管控及抢修信息发送,主动走访用户,收集保供电需求,开展精准服务。应用生产运营监控平台配网中、低压停电态势感知结果,实现"一键式"推送抢修工单和服务短信,将传统的被动抢修服务模式转变为"三个一"①的主动抢修服务模式。应用停电抱怨热力图分

---

① 三个一:指故障信息自动感知一键传送,停电信息自动生成一键送达,需求集中用户自动获取一键传递。

析工具，主动识别与供电企业交互频率较高的用户，并进一步完善对供电可靠性要求高的烤烟、冷库等用户台账，形成基础数据库，同步建立停电分析监控预警机制，主动识别对停电感知强烈的用户，提供个性化服务。研发用户诉求分析 RPA，对诉求工单进行实时分析，及时传递至相关人员。图 2-5 为网格经理节假日到热门景区开展供电保障工作。

图 2-5　网格经理节假日到热门景区开展供电保障工作

第二节　提升供电能力共促价值创造

解放用户理念告诉我们，用户价值不仅来源于供电企业创造，还来源于用户自身的创造和用户与供电企业之间的共同创造。供电企业不仅是用户需求的响应者，也是用户的合作者，用户从过去单纯的消费者，发展成为参与生产和消费的"产消者"。

楚雄州地处滇中腹地,属云贵高原地貌,山区占比高、干旱少雨。乡村人口分散、城镇局部人口密集等特点突出,居民用电需求差异较大,做好电力普遍服务责任重大。农业以种植烟叶、果蔬、花卉等为主,抽水灌溉等农业用电需求较高。在楚雄、禄丰、武定等县(市)有较多的硅、钛制造加工厂(图2-6),工业用电需求量大,对供电可靠性、连续性有较高要求。

楚雄供电局开展综合计划管理,优化资源配置,最大限度减少停电时间。强化设备精益化运维,提升供电可靠性。构建特色配电网,实现单环网自愈,提升配电网智能化水平。实施三年攻坚行动,夯实硬件基础。打造"基础+"服务新模式,满足用户多元化、个性化需求。通过一系列举措,进一步提升了供电能力,实现与用户的价值共创。

图2-6 做好大工业用户用电保障

一、实施综合计划管理

综合计划包括编制、审核、实施、分析、奖惩五个方面，其特点是以任务为单元，统筹用户服务、生产运维、电网建设等各专业的工作，最大限度减少时间浪费，优化资源配置，助力用户价值创造。

"列车时刻表就在那里，到点了就要发车，如果检修车辆不能按时出库就会造成列车延误。"这是被称为动车"体检医生"的机械师龙海滨2019年接受媒体采访时说过的一句话。这句话让楚雄供电局深受启发，结合调度工作中对计划停电操作时间准确性要求极高的实际情况，创立停复电"列车时刻表"（图2-7），构建具有全局监控、高效协同、信息共享的配网计划停电全流程监控体系。抓住停电操作开始、停电操作结束、工作许可、工作终结、复电操作开始、复电操作结束六个关键时间节点，明确具体要求并严格执行，确保"准点"停、复电。"列车时刻表"机制的运转，有效提升了计划停电、复电准时率，工作变得更加安全有序。

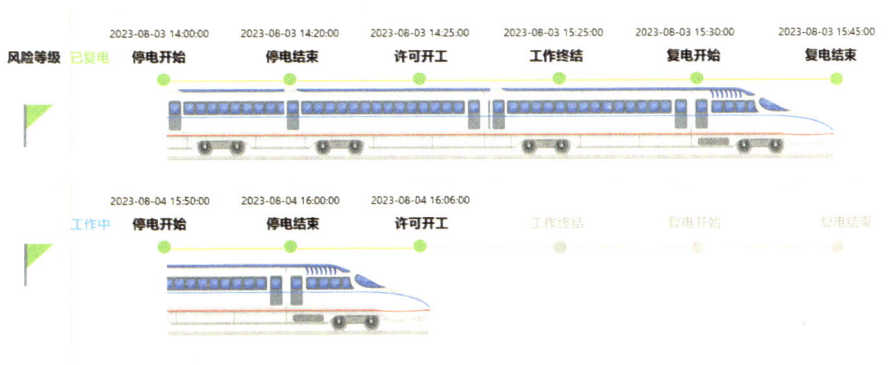

图2-7 停、复电"列车时刻表"

案例 2-3

实施综合计划管理减少停电时间

由于负荷增长,楚雄供电局计划对35千伏某变电站主变进行停电改造,楚雄供电局以综合计划管理为核心,统筹各方资源调配,将工程项目、物资、财务"三位一体"[①]里程碑计划与年度作业计划编制有机结合,在实施过程中,生产、营销、基建等专业协同配合,项目实施的各环节高效、有序开展,大幅减少用户停电时间。

项目实施前,组织生产、营销、基建等专业人员开展现场勘察,制订各专业的作业计划,对变电站内和站外需要改造的作业进行梳理,按照综合计划管理的要求对各专业的作业计划进行融合,避免出现同一地点不同专业多次停电作业的情况,减少停电次数。

项目实施时,变电站内、外改造作业同步开展。变电站内改造采用现有"线路+多台发电车协同"的模式进行转供电,并按工作内容同步修编转供电时序表,施工单位制定出每一项作业及准备工作所需的时间,操作单位及线路运维单位制定出每一项现场操作所需时间,调度中心制定出每一项调度命令所需时间,通过充分融合形成高效的操作计划,施工后严格按计划推进各项任务,保证了项目投产的准时性和正确性。变电站

---

① 三位一体:指工程项目、物资、财务实行一体化管理。

外将改造涉及主配网线路停电，项目部组织生产、基建等专业人员同时开展设备缺陷消除、线路通道清理等工作，避免发生重复停电。在此过程中，楚雄供电局还采用了移动变电站及转供电环网柜等先进技术，保障了改造期间该片区用户电压质量及供电的可靠性。

通过统筹实施综合计划管理，实现了资源的优化配置，大幅节约了停电时间，提高了工作效率，让既定工作安排有计划性，确保安全生产工作有条不紊地推进，让设备运维措施落实落地，还获得了用户的一致好评。

二、强化设备精益化运维

（一）建立风险联防联控体系

楚雄供电局抓住云南电网公司与楚雄州政府签订合作框架协议的契机，建立"政企联动、多方参与、合作共赢"的协同机制，各县级供电单位、供电所与当地政府部门紧密协作，共同开展危及电网安全的隐患治理。

➲ 案例2-4

安全用电"三级联防体系"

为进一步减少楚雄市城区电网安全问题，提升供电服务能力和水平，楚雄鹿城供电局统筹开展电网规划和电力安全隐患问题治理工作，并建立"三级联防体系"，在市级层面推动成立电力行政联合执法领导小组，在村委会（社区）层面推行"村委会（社区）+网格管理小组"模式，在行政村层面由村书记、村主任和村电工组成村级管电团队。

通过与市人民政府、市发展和改革局沟通汇报，由市政府办印发通知，各乡镇人民政府与供电所按辖区建立集安全用电、隐患处置、电力设施保护、供电服务为一体的微信工作群，群成员包含乡镇分管领导，土地、规划、林草、派出所等站所负责人，各社区、村委会书记、主任，各村民小组长，供电所负责人、各网格经理等人员。通过工作群有效传递用户需求、停电和安全隐患等信息，切实打通公共服务体系通道，政企协同开展安全用电问题及隐患排查治理，共筑电力安全防护网。

（二）推动线路运维转型

作为担负着西电东送输电主通道运维重任的供电单位，楚雄供电局持续探索新技术应用，引入无人机、机器人、视频监测等智能技术，构建"整线无人机巡检+重点区段视频巡检+问题（风险）杆塔人工差异化巡检"智能运维模式，实现线路巡检"机器代人"（图2-8）。

构建"天、空、地、云"协同巡检的智能运维模式（图2-9）。"天"指利用卫星遥感技术开展输电线路山火监测、地质沉降监测、覆冰预测、缺陷隐患识别，及时启动地震应急、泥石流应急响应，实时掌握线路周边情况，预判异常事态发展方向实现航天感知。"空"指利用无人机、直升机搭载不同吊舱开展线路可见光快速巡检、三维激光扫描等周期巡检，全面掌握设备本体、通道隐患信息，实现航空感知。"地"指利用各类在线监测装置、视频装置、机器人、故障定位装置等实时掌控设备运行状态。"云"指利用南网云、输电运维管理平台等进行数据收集、分析，实现设备状况一目了然、风险管控一线贯穿、生产操作一键可达、决策指挥一体作战。

图 2-8　使用无人机对线路进行巡检

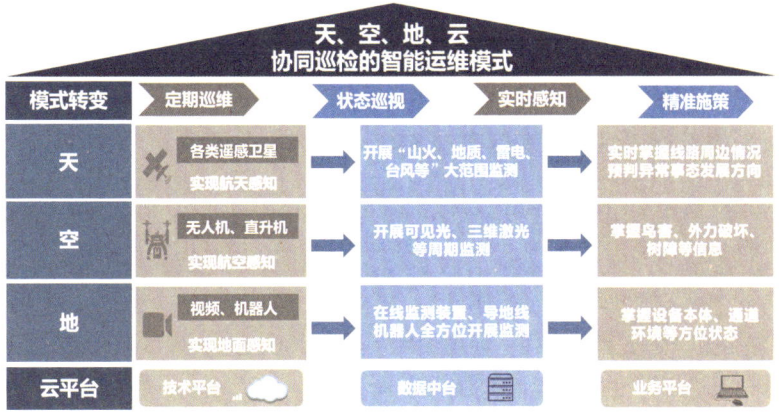

图 2-9　"天、空、地、云"协同巡检的智能运维模式

组建输电智能巡视班,运用无人机自动巡检、三维数字建模等智能化巡检手段,打造运维管理的"眼",准确发现设备问题,发挥"数据采集中心"职能;组建输电监控指挥班,聚焦巡检数据分析、设备状态诊断、运维过程监督、辅助决策指挥等业务,打造运维管理的"脑",发挥"监控指挥中心"职能;组建设备检修班,以解决设备本体问题和通道隐患问题为核心业务,打造设备运维管理的"手",发挥"问题处置中心"职能。输电运维三中心机构运转框架如图2-10所示。

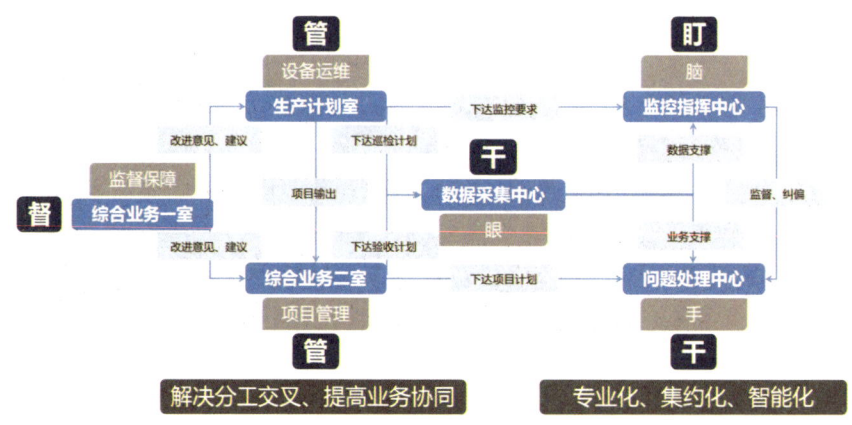

图2-10 输电运维三中心机构运转框架

"天、空、地、云"协同巡检的智能运维模式改变了以往完全依靠"拿着望远镜、背着背包翻山越岭"的运维模式,有效提升了巡视作业效率和输电线路供电可靠性。通过数字化转型推进、运维模式优化,日常巡视作业效率大幅提升,线路运维基本实现"机器代人",将员工释放到机巡建模、作业管控等工作中,减少山火特巡、群众护线员特巡值守投入。

（三）构建智能化变电运检模式

围绕变电"巡、维、操、监、控"探索智能化、数字化转型，通过无人机远方巡视、设备智能化改造、综合防误以及在线监测等技术应用，支撑"智能巡视、智能操作、智能安全、智能监测"，运用一体化支撑平台，充分整合视频监控主站、调度系统等数据内容，建成系统数据互通融合共享的"四位一体"[①]智能感知体系。构建数字驱动型生产组织模式，在底层技术与中台支撑的共同支持下，实现"全天候、全要素、智能透明"运维模式变革，促进生产组织模式优化，实现本质安全。完成全部110千伏及以下变电站的远方巡视改造，有效杜绝变电设备强迫停运情况发生。实现全部110千伏及以下变电站重合闸远方投退，减少重合闸投退现场操作次数，有效节约人力、车辆资源。

➲ 案例2-5

建设鹿城智能巡视示范区，推动变电运维转型升级

围绕变电专业提质增效、实现本质安全的工作目标，楚雄供电局以管辖多个变电站的巡维中心为最小建设单元，统筹人力、技术等资源，推进变电智能运维转型升级。2021年12月，楚雄供电局鹿城巡维中心被云南电网公司选为变电智能运维试点，基于智能管理平台实现"无人机巡＋机器人巡＋视频巡＋红外云台巡＋人巡"联合巡检，有效提升巡视工作效能，解决

---

① 四位一体：指集智能巡视、智能操作、智能安全、智能监测于一体的信息化支撑平台。

了以往设备动态巡维、运行状态紧急查看、巡维数据汇总统计等人员往返跑现场的问题，减少人员到站工作频次。2022年9月，楚雄供电局鹿城巡维中心试点建设工作通过云南电网公司验收，在云南电网系统内首家获得智能巡视示范区"两星"授牌。图2-11为使用机器人对变电站进行巡视。

图2-11　使用机器人对变电站进行巡视

三、构建特色智能配电网

配电网作为电网企业与千家万户的连接"终端"，是服务用户的"最后一公里"，其中配电网可靠性是电网企业服务的最直接体现。为进一步减少配电网故障和用户停电，楚雄供电局结合楚雄州地形复杂、海拔高差大、山地面积广、用电负荷分散等特点，聚焦单环网自愈，切实推进特色智能配电网建设。

通过不断完善配电自动化管理、运维机制，合理开展网架完善工程规划建设和配电自动化设备安装，实现电网运行情况的实时监测、智能控制与信息传递，全面提升配电网智能化水平，有效支撑生产、营销、基建、调度工作开展，全力做好用户服务。利用智能断路器和配电网自动化系统，逐步推广应用"故障自愈"[1]技术。相对于大城市而言，楚雄供电局大多数辖区电力负荷密度低，基于单线环网的配网"自愈"建设也显现出投资少、效果好的特点。随着配电自动化实用化提升工作的推进，配电网故障及用户停电次数逐年减少。

案例 2-6

2分4秒！配网故障"分钟自愈"

2021年8月7日10时34分35秒，楚雄供电局某10千伏线路某断路器保护动作导致线路停电，同一时间配网自动化自愈功能启动。10时36分39秒，系统自动计算和研判故障区域并生成复电方案，实现故障隔离和非故障区段复电，历时2分4秒即实现"故障自愈"。与以往人工处置相比，本次全自动自愈功能的成功动作极大减少了用户停电时间，实现了配网故障全自动处置。

当地供电所员工起师傅说："以往我们配网抢修班收到故

---

[1] 故障自愈：当线路发生故障停电时，系统第一时间自动诊断出故障区间并隔离，实现自动恢复对非故障区间线路供电。

障停电信息,就要尽快组织大量人员到现场对整条线路进行故障点查找、处理。这一来二去,投入很多人力不说,耗时也比较长。现在不同了,一发生故障停电,我们只要根据系统发送的故障线路位置信息去对线路进行巡视,很快就能发现故障点,马上就能对故障点进行处理,老百姓很快就能恢复用电,配网自愈真正减少了我们基层人员的工作量。"

居民用户王大爷说:"我一个孤寡老人,平时煮饭时候最怕停电,一停电只能用这口大黑锅,烧火都要半晌,我手脚又不便,一个人吃的饭菜要弄一早上,这次停电我柴火都还没准备好,电一下子就来了,真是没想到,你们干得很快。"

四、实施三年攻坚行动

2020年11月27日,云南电网公司三年攻坚行动现场启动会在楚雄召开。楚雄供电局以现场启动会为契机,抢抓发展机遇,将三年攻坚行动作为"一把手"工程高位推动,系统盘点梳理,制定并印发《楚雄供电局降低电网风险和解决配网突出问题三年攻坚行动计划》,围绕"网格化"专业融合管理,深度整合生产、营销、基建专业资源,形成综合治理合力,奋力推进"五个专项行动"[①]落地,确保实现配网提升"1年上轨道、3年见成效、5年出成果"的目标。

2021年3月,地、县两级三年攻坚行动指挥部(以下简称"指挥

---

① 五个专项行动:包含降低电网风险、解决35千伏一线多"T"、10千伏线路高故障率治理、缩短10千伏线路供电半径、配电自动化提升的专项行动。

部")(图 2-12)成立。聚焦降低主网风险、解决配网突出问题,不断筑牢构建现代供电服务体系的硬件基础,建立解决电网硬件突出问题的横向协同、上下联动工作机制。围绕项目集约化监控,精准定位问题,以里程碑计划为抓手,生产、营销、基建各专业协同发力,解决项目进度滞后、物资需求不精准、资源统筹不到位等问题,充分发挥基层首创精神,将指挥部作为落实三年攻坚行动的重要载体。

图 2-12　楚雄供电局三年攻坚行动指挥部

构建研判、预警、沟通、推动和问效五项机制。快速研判项目各关键节点的进度偏差,联动各专业解决问题,发挥指挥部统一监控、统一指挥、统一协调的作用,分层分级落实"干、管、盯"机制。按日跟踪作业及安全管控情况,按周统计分析指标,按月开展项目进度纠偏,为业务决策指挥、资源调配、高效运转等提供有力支撑。积极探索电网建设管理的态势感知,构建项目新型监控机制,全面提升电网建设管理水平。以"安全、优质、高效、精益"完成三年攻坚行动任务为目标,推进基层减负，着力从"先行先为、厚植理念、感知敏锐"三方面开展基础建设，形成可复制、可推广的长效经验做法，打造更加安全、坚强、可靠的电网，助力构建具有楚雄特色的现代供电服务体系。

建立"三位一体"里程碑智能管控模式。楚雄供电局认真贯彻落实云南电网公司决策部署，以智能化、数字化、协同化思维，以工程项目建设为主线、项目里程碑为基础，生成与之相匹配的物资里程碑、财务里程碑，根据项目进度里程碑匹配停带电、施工、物资等资源形成综合计划。应用"云现场"App将工程量、物资量做在日常，实时采集录入现场数据，确保数据真实、可靠、唯一，精准支撑施工和物资清算。搭建项目管理"驾驶舱"，横向贯通生产、营销、基建、物资、财务五个专业，纵向满足地、县、所三个层级项目管理需要，将采集的数据形象化、直观化、具体化，通过"安全、质量、进度、指标"等专题模块，实时对项目安全、质量、进度进行动态监控，实现态势感知、穿透式管理，全面支撑"干、管、盯"机制落地。

将项目管理关口前移，提高项目可研、施工图设计深度，"按线、按片、按台区"组织生产、营销、基建等专业人员统一开展勘察，编制综合治理一张图，形成更为精准的项目设计物资清册，统筹施工、作业、停带电、验收等各要素资源保障，确定施工图预算批复、施工复测、施工合同签订、开工、投产等五个关键节点。以物资里程碑为基础开展年度物资需求补仓，实时跟踪物资到货节点，确保项目物资精准供应，满足项目进度需求。以财务列账里程碑推动财务进度与项目进度一致，支撑项目及时准确转固增资，提高结算增资时效。

通过"三位一体"里程碑管控机制，进一步强化人、财、物资源匹配，对停带电作业、项目物资、施工人员、现场管控等资源进行统筹规划，一条线串起全专业、全要素，将项目管理全链条管控贯穿于资产全生命周期。

➡ **案例2-7**

构建"1+N+2"机制[①]，打赢三年攻坚战

楚雄供电局结合实际，制定了《楚雄供电局决战决胜电网三年攻坚总动员方案》，又称"1+N+2"机制，全领域、全专业、全方位协同推进要素保障，通过党建引领、安全保障、统一规划、建设资源、生产保障、物资储备、人才培养、政治监督和政企联动等保障机制作用发挥，以刚性执行年度综合计划为落脚点，营造"内和、外顺"的工作氛围，打赢三年攻坚战。

内和，把支撑点放在专业协同上。围绕三年攻坚行动建设目标任务，由生产专业主导，结合"三位一体"勘察结果，紧紧围绕物资保障、作业保障、资源保障、属地化管理支撑、技术保障、投产保障等要素协同保障，汇聚形成楚雄供电局年度综合计划，三年攻坚行动指挥部全力支持和维护计划执行的刚性，以最优的方式保障项目及时投产。

[①] "1+N+2"机制："1"即1个总体方案；"N"即N个专业协同子方案；"2"即1个外部支撑机制和1个综合计划。

外顺，把突破点放在外部协作上。深化政企联动，加强与当地党委政府沟通汇报，研究出台一系列行动举措。全面落实好《关于加快推进楚雄州电网规划建设的实施意见》《关于进一步支持保障电网规划建设工作的通知》，合力打通项目建设要素保障堵点。

随着三年攻坚行动深入推进实施，楚雄供电局电网硬件基础和综合管理水平跨越式提升，楚雄州10千伏公共线路配电自动化开关覆盖率实现从0到100%的"蜕变"，建成首个全户内智能变电站，输配电网主要元件 N-1 通过率、联络转供能力、电压合格率等各项指标得到大幅提升。在打好打赢三年攻坚战的同时，有效推动了生产、营销、基建各专业之间的深度融合和协同发展，为构建现代供电服务体系奠定了坚实的基础。

五、打造"基础+"服务新模式

随着社会发展和人民生活水平的不断提高，人民对美好生活的用电用能需求不断增长。楚雄供电局基于解放用户理念，将随着社会发展而衍生出的多元化、个性化用电用能需求定义为"基础+"服务需求，同时结合用户需求探索和开发符合用户期望的"基础+"服务，不断满足变化的用户需求。

打造涵盖了技术、能源、保电及综合等维度的服务模式，并在"南网在线"智慧营业厅上线配电设备运维、电动汽车充电设施建设、扫码用电等"基础+"服务（图2-13），为用户带来了更多的个性化体验。

图2-13 在"南网在线"App上线多种"基础+"服务

在技术服务方面，为用户提供专业的电力技术支持，解决用户产权电力设备运维问题，让用户放心用电，享受高质量的用电体验，如配电设备运维，为用户配电设备提供定期维护、故障检修等服务，用户可以享受到稳定的电力供应，不再担心供电故障带来的不便和风险；应急抢修，实时响应用户需求，提供全天候24小时抢修服务，在最短的时间内将故障修复，极大地降低用户因设备故障而造成的影响；配电系统年度体检，对设备进行停电检测、保养、试验、缺陷修复等，为设备健康运行提供保障。

在用电保电方面，为用户提供更便捷、更经济的用电保电服务，为用户创造安心、便捷、高效的用电环境，如商业保供电，为用户保障重要设备持续用电；临电共享，为用户提供临时用电设备租赁服务，为用户节省用电投资，节约办电时间；扫码用电，为用户提供便捷用电服务，实现扫码即用、电费即付、信息即知。

楚雄州元谋县地处金沙江干热河谷地带，地理条件得天独厚，自古以来是天然的"大温室"，当地果蔬种植经济高速发展，但因盆地气候全年降雨量偏少，抽水灌溉需求突出。楚雄元谋供电局敏锐捕捉到了生产、农业灌溉等用电需求，引用"共享用电"概念，研发"智慧灌溉共享用电"设备，孵化"扫码用电"服务，实现了农业抽水用电更快速、更便捷、更安全（图2-14）。

图2-14 用户通过"扫码用电"进行抽水灌溉

在基础供电服务模式下，用户产权线路设备由用户自主运维及抢修。为解决用户产权线路设备故障抢修难、复电慢的难题，楚雄供电局积极引入"保险"概念，孵化"受电设备财产综合保险"特色服务，充分发挥保险的保障作用，减少资金投入，实现高效、快捷抢修。

案例 2-8

受电设备财产综合保险，解决用户抢修难题

"用户设备损坏怎么办？供电企业管不了、物业公司管不起"，很多用户都遇到过这个困惑，受电设备财产综合保险为解决这一难题提供了方法。用户投入少量资金为其电气设施投保，在发生故障后保险公司快速协助开展抢修、复电，切实解决了用户自主运维抢修难、成本高、耗时长等问题。

楚雄市某小区物业管理公司总经理表示："出现问题需要修理的话，我们物管公司没有这个能力，现在通过投保'受电设备财产综合保险'，减轻了我们的负担，大大减少了设备维修的资金投入，真正做到了为人民服务。"保险公司员工表示："我们集合了大量资质齐全的电力维修单位，可以很快速地调配抢修资源进行抢修，或者对用户自行抢修产生的费用进行赔付。"

受电设备财产综合保险服务有效解决了小区居民用电发生故障时抢修难的问题，得到了社会多方好评。

在能源服务方面，为用户提供多元化的能源选择和管理服务，帮助用户降低能源成本，让用户享受绿色、环保的能源供应，如分布式光伏，提

供光伏发电一站式建设服务,降低能源消耗和成本,助力乡村振兴战略、"千乡万村沐光"行动及"绿电"发展,为用户使用绿色环保电能提供支撑;电动汽车充电桩设施建设,为用户提供充电桩等电动汽车充电设施建设服务,助力低碳环保出行。

在综合服务方面,为用户提供便捷的电力周边服务,让生活更加便利和舒适,如汽车租赁,为用户提供短期、长期汽车租赁服务,让用户享受到灵活、舒适的出行体验;"南网融 e"[①],帮助用户高效、快捷、安全地获取贷款,解决电费缴纳难题。

楚雄供电局致力于满足用户多样化、个性化的需求,不断创新和完善"基础+"服务模式,推出更多具有创新性和个性化的"基础+"服务,满足用户用电用能从"基础"到"基础+"、"普遍"到"个性"的服务需求,为用户提供更优、更全的服务。

第三节 围绕用户痛点助力价值实现

在开展供电可靠性提升、三年攻坚行动和"基础+"服务模式打造等工作中,楚雄供电局聚焦用户价值实现,通过数字赋能业务,对办电、用电中存在的问题进行运营分析,多措并举(图2-15),有效提升运营管理水平。一是围绕停电频繁、停电信息传递不及时、电压低等问题,

---

[①] 南网融e:南方电网公司打造的互联网金融服务平台,为用户提供票据缴费、电费融资、订单融资等多种金融服务。

开展四个专项治理行动，提升基础需求服务能力，改善用户用电体验，不断满足人民对美好生活的电力需要。二是围绕优化用电营商环境，提高办电的便利度、降低办电成本、提升供电可靠性，夯基固本提高用户满意度，推动用户价值实现。

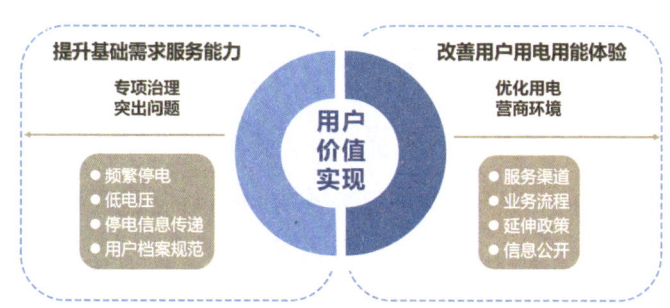

图 2-15　多措并举实现用户价值

一、四个突出问题专项整治

全面落实云南电网公司突出问题整治部署，围绕楚雄州制约用电体验的频繁停电、用户末端低电压、停电信息传递支撑不到位、基础档案不规范四个方面，开展专项整治。

（一）频繁停电问题治理

频繁停电指的是用户停电次数多、停电时间长。多年以来，频繁停电一直是困扰用户用电体验的主要因素。楚雄供电局按照"按线、按片、按台区"的综合治理思路，从高故障线路治理、低压隐患整治两个方面"双管齐下"，全面开展问题治理。

在高故障线路治理方面。结合"运规合一"[①]及解决配网突出问题三

---

① 运规合一：指生产运维和电网规划一体化管理。

年攻坚行动，以问题为导向，以"一线一策"为载体，聚焦影响供电可靠性指标的主要矛盾，按"消存量、控增量"的思路，着力对各县级供电单位年故障停电时户数前10名且故障次数5次及以上的线路开展专项整治，动态更新严控增量，全面降低用户停电时间。坚持"全面排查、精准施策"的原则，以全面排查、诊断分析为基础，精准定位问题，系统制定措施，充分统筹生产运维、项目改造资源，充分考虑网架建设与设备本体改造措施，做到"一条线路、一次整治、一次改好"。坚持"挂牌督办、销号管控"的原则，分层分级开展高故障线路挂牌督办，压实主体责任，强化过程管控，实现"排查一条、整治一条、达标一条、销号一条"的目标。坚持"突出重点、全面提升"的原则，聚焦主要矛盾，通过专项整治，着力消除高故障线路（图2-16），同时强化非高故障线路运维管理，全面提升配网管理水平。

图2-16 对线路进行消缺

> 案例 2-9

精准施策，线路治理见成效

楚雄武定供电局深入落实楚雄供电局"按片、按线、按台区"的治理思路，针对故障频发、用户诉求多的 10 千伏某线路开展综合治理。组织对线路逐杆沿线巡视，同时运用测距仪、红外成像仪等装备开展线路测距、设备测温，详细记录线路设备缺陷、隐患，对杆塔及金具附件进行拍照。对配电自动化终端在线情况进行排查维护，对断路器定值进行校核。从网架结构、设备本体、外部环境、配网自动化设备应用等多个维度开展综合分析，对症下药，精准施策。一是快速"止血"，迅速扭转故障频发被动局面，对于影响线路设备稳定运行的安全隐患问题，优先立项解决。二是及时"输血"，逐步消除潜在风险隐患，针对配电设备的问题，按计划进行综合治理。三是持续"补钙"，不断提升网架及装备水平，将设备老旧、配电自动化开关配置不足等问题纳入规划项目统筹解决。四是常态"强身"，统筹内部资源，按照强化专业协同"综合治理、合并停电"的思路，同步推进用电安全整治。通过专项治理，实现了该条线路故障和用户诉求"双降"。

在低压隐患整治方面。采取线路改造、增设换相开关、智能空开远程控制等技术手段，分类分批次开展整治，逐步提升低压配网设备运行健康水平，降低低压配网故障率，扭转低压配网"以故障抢修代替日常运维"的被动局面，提升用户服务水平。

（二）低电压问题治理

低电压问题指的是因供电能力不足、用电设备使用效率低等因素综合作用导致电压质量长期或特定时段低于国家标准的情况。低电压的直接表现就是用户在用电过程中出现"饭煮不熟""灯不亮""电机带不动"等一系列问题。低电压通常有两种情况：长期低电压和季节性低电压。造成低电压问题主要有三个方面的原因：一是用电负荷的快速增长与现有电网硬件不相适应；二是节日返乡、春种秋收等季节性特殊时段用电量剧增，导致供电能力相对不足；三是配电网"源随荷动"[①]自动调压技术滞后。楚雄供电局按照"源头治理、综合防治"的思路进行专项治理。

构建电压脉络图，查找低电压源头。结合配电网电压监测分析管理、调度自动化、配电自动化、计量自动化、营销管理五个系统对电压开展全面监测。按"站—线—变—户"四个节点，以监测出的各节点电压数据为基础，通过"站端电压—线路电压—配变电压—用户电压"构建电压脉络图，查找导致低电压的原因，精准施策，解决低电压问题。低电压治理脉络如图 2-17 所示。

完善低电压问题管理机制，及时跟踪处理。以用户需求为导向，依托数字化转型、智能配电网建设等，健全台区重过载、三相不平衡等问题管理机制，实行重过载、低电压问题清单式管控和治理。按照问题解

---

① 源随荷动：电力系统是一个需要保持瞬时平衡的系统。在传统的电力系统中，发电量主要通过发电机组的旋转惯性和调频能力来调节，即所谓的电力平衡"源随荷动"。

第二章 助力用户价值实现

决"快和准"的原则，采用生产运维、生产应急项目、生产修理项目、电网基建应急项目等方式解决，逐步消除重过载配变。

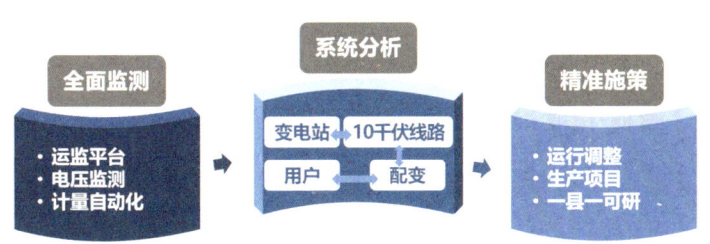

图 2-17 低电压治理脉络

应用新技术，助力低电压问题解决。三相负荷不平衡会引发变压器发热、台区高损、单相过载跳闸、末端电压低等突出问题。通过对问题突出的区域优先安装使用低压智能换相开关，实现低压配网台区单相负荷智能、自动调节，平衡三相负荷，解决配电台区三相不平衡问题，促进低电压问题的解决。低压台区智能负荷监测如图 2-18 所示。

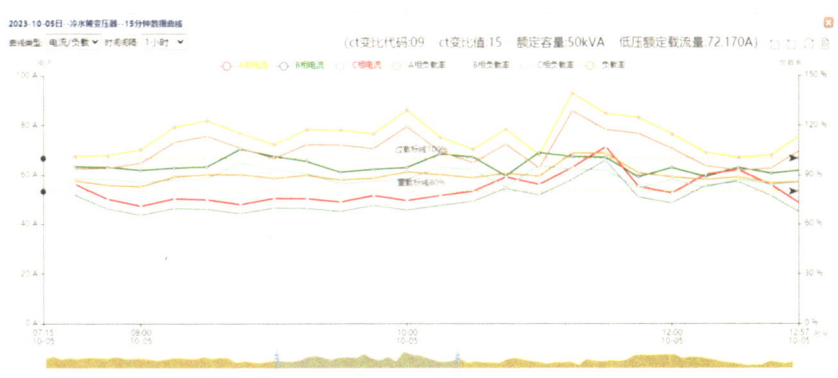

图 2-18 低压台区智能负荷监测

（三）停电信息传递问题治理

由于企业各专业系统内部不同程度存在信息孤岛，停电信息传递不畅成为影响用户用电体验的一个重要因素，一定程度上阻碍了用户价值实现。停电一直是用户最关心的问题，对停电类问题进行深入分析，发现用户诉求中有很大一部分是停电信息传递不畅，主要包括停电信息获取不准确、传递不及时等。楚雄供电局通过数字化手段，研发应用停电感知 RPA，及时获取准确信息，梳理制定出计划、故障、临时及其他四类停电信息传递流程图，按类别明确各环节时限要求，严格落实信息传递机制。通过对故障停电通知情况、抢修进度、服务应急、用户诉求进行集中监控和分析，快速获取停电信息，同时依托短信、微信、微博、互联网、广播电视以及公示公告、小广场大喇叭等渠道，及时、准确地向用户传递停电信息。楚雄供电局还创新启用"停电抱怨热力图"，提前预判出故障停电的影响，及时发布预警提醒信息，通过停电用户抱怨的态势感知提前实施精准服务。

充分利用95598供电服务热线、营业厅、抄表、用电检查、用户走访等方式动态收集用户联络信息，完成用户信息收集、完善和更新工作，确保停电通知准确性。与村委会、村民小组、社区建立良好的用户关系，村委会主任、村民小组长、社区工作人员协助网格经理向用户做好停电通知、用户电话号码收集等服务工作。图 2-19 为网格经理通过现场走访推广停电信息获取渠道。

加强对停电短信发送情况的监控，停电信息传递"一口对外、多点支撑"。计划类停电工单通过生产运营监控系统、配网 OMS 系统进行监控，故障类停电工单通过配网抢修指挥系统进行监控，停复电信息通过营销融合 App 共享至一线员工，支撑网格经理做好供电服务。

图 2-19 网格经理通过现场走访推广停电信息获取渠道

> 案例 2-10

建立应急处置协同机制，快速传递停电信息

以往，城区发生故障时，抢修指挥过程中往往会存在线路设备复杂、指挥环节多、数据处理效率低等问题。为进一步提升应急处置能力，楚雄鹿城供电局进行分析研究，从 10 千伏线路单线图的分断点设备和用户信息标注入手，结合预先停电模拟信息等措施，建立起"故障抢修与用户服务协同指挥模型"（图 2-20），提高停电信息传递及故障抢修全过程管控效率。

该指挥模型可实现自动生成故障处置指令、快速发布故障信息、跟踪全过程处置情况等功能，将"故障停电抢修—用户服务"的被动抢修服务模式转变为"快速定位、快速告知、快速抢修、快速复电"的主动抢修服务模式。及时掌握停电作业进度，对复电时间进行研判，组织属地供电所开展用户服务应急处置，及时发布抢修进度信息，向用户传递复电信息。

图 2-20　故障抢修与用户服务协同指挥模型

（四）基础档案问题治理

基础档案信息不完整、信息错误会造成供电企业停电通知、电费账单等信息不能有效传递至用户，容易引发用户不满，也不利于供电企业做好精准服务。

楚雄供电局从业务管理和技术支撑两个维度入手，规范营销核心数据标准和数据质量校验规则，系统扫描查找问题，问题分类后对症下药进行治理。制定营销基础档案填写规范，梳理营销基础档案参数明细，明确每个字段项目的填写要求和填写规范，进一步提升用户信息档案的准确性和实效性。针对部分用户联系方式、电话号码缺失的问题，自主研发用户联系信息维护工具，使用户能及时接收停电、电费、智能交费等信息通知。通过数字化工具应用，提升信息传递的有效性，增强企业与用户之间的良好沟通。

➡ **案例 2-11**

用户联系信息维护工具助力基础信息完善

用户联系信息维护是营销专业最基础的工作之一，只有用户的关联关系、联系方式、通知方式等基础信息正确，用户才能接收相应业务信息，用户联系信息维护不全会导致部分用户收不到相关业务信息，影响用户用电体验。

楚雄鹿城供电局自主研发用户联系信息维护工具，自动查询检测用户联系信息并自动补全缺失的"通知方式"字段或"关联关系"条目。通过用户联系信息维护工具的使用，提高了各类通知短信发送的成功率，减轻了基层用户服务工作压力。楚雄鹿城供电局中台人员表示："我们能高效地对系统内的联系方式进一步完善，比如在营销系统内已有用户'停电通知'的相关信息，则小工具会自动检索、维护电费通知等其他相关信息，大幅节约人力资源。"

二、优化用电营商环境

营商环境直接影响着地方的经济发展、要素聚集和创新活力。用电营商环境是营商环境中的重要组成部分，也是供电企业衡量用户价值实现的标尺之一，主要体现在办电时长、办电流程、办电成本、供电可靠性和电费透明度。楚雄供电局全面落实云南电网公司《全面提升"获得电力"服务水平持续优化用电营商环境三年行动方案》，把优化用电营商环境作为"一把手"工程，规范执行"1479号文"[1]相关要求，持续优化用电营商环境，"获得电力"服务水平迈上新台阶。

楚雄供电局通过数字化转型，持续拓宽业务办理渠道。目前，可供用户选择使用的线上业务办理渠道主要有"南网在线"App、微信公众号、支付宝生活号、网上营业厅、云南省办事通、95598供电服务热线等，用户可以通过这些渠道完成用电信息查询及业务办理。一线员工使用营销融合App，可以"终端流转、现场办公"，真正实现"数据多跑路，员工少跑腿，用户一次都不跑"。

随着政企数据通道打通，可通过云南政务平台自动调取用户证照信息，用户通过"南网在线"App等渠道申请用电时，只需采集人脸信息，即可自动关联身份证照信息，实现了居民用户"刷脸办电"（图2-21）。

在楚雄州发展和改革委员会的组织下，楚雄供电局与供排水公司、燃气公司、不动产登记中心共同探索"电水气"联办新模式（图2-22）。抓住"电水气"三家单位所需报装办理资料一致的特点，通过数字化手段自动调用用户电子证照信息，从技术上支撑了水、气办理的无纸化，从而实现"电水气"联办。不仅为用户提供更加便捷、高效的

---

[1] 1479号文：指《国家发展改革委 国家能源局关于全面提升获得电力服务水平 持续优化用电营商环境的意见》（发改能源规〔2020〕1479号）。

服务体验，也为营造良好的营商环境提供重要支撑。

图 2-21　用户使用"南网在线"App 刷脸办电流程

图 2-22　政务中心"电水气"联办窗口

案例 2-12

"电水气"一次办结,群众办事更便捷

双柏县城某小区用户方女士到政务中心办理用电业务,发现一个窗口就可以完成用电、用水、用气的全部手续办理,让她出乎意料。在工作人员的指导下,方女士使用"南网在线"App平台申请用电,同时勾选"水气报装联办",即完成了业务办理。随后,楚雄双柏供电局、双柏福源自来水有限公司、双柏县华燃天然气有限责任公司联合进行上门服务,经过现场勘察,制定了施工方案,及时完成电、水、气报装。

方女士表示:"本来我今天只是想去办电,想着过几天有时间再去办水和气,今天给我一起办理了,挺方便快捷,太好了。"图 2-23 为供电、供水、供气部门服务用户流程图。

图 2-23 供电、供水、供气部门服务用户流程图

楚雄供电局积极与政府部门对接,由楚雄州发展和改革委员会、自然资源和规划局、住房和城乡建设局、交通运输局等单位联合发文,进一步规范行政审批环节,对规划许可、涉路施工许可、绿化许可、占路

许可等行政审批手续实施限时办理和并联审批,提高审批效率。对业务受理、供电方案答复、竣工检验和装表接电等用电业务办理环节实时监控,实现业务全流程可视化监控。通过过程管理、节点控制,提高办电效率。

楚雄供电局全面梳理编制用电政策及解读材料,开展电价政策内外部宣传。举办国企开放日、优化用电营商环境宣传周、工商政企座谈会等活动,面对面地向用电用户介绍互联网办电渠道业务、最新电价政策、优化用电营商环境具体举措,营造良好的外部环境。图2-24为网格经理向用户宣传最新电价政策。

图2-24 网格经理向用户宣传最新电价政策

第三章 推动组织架构优化

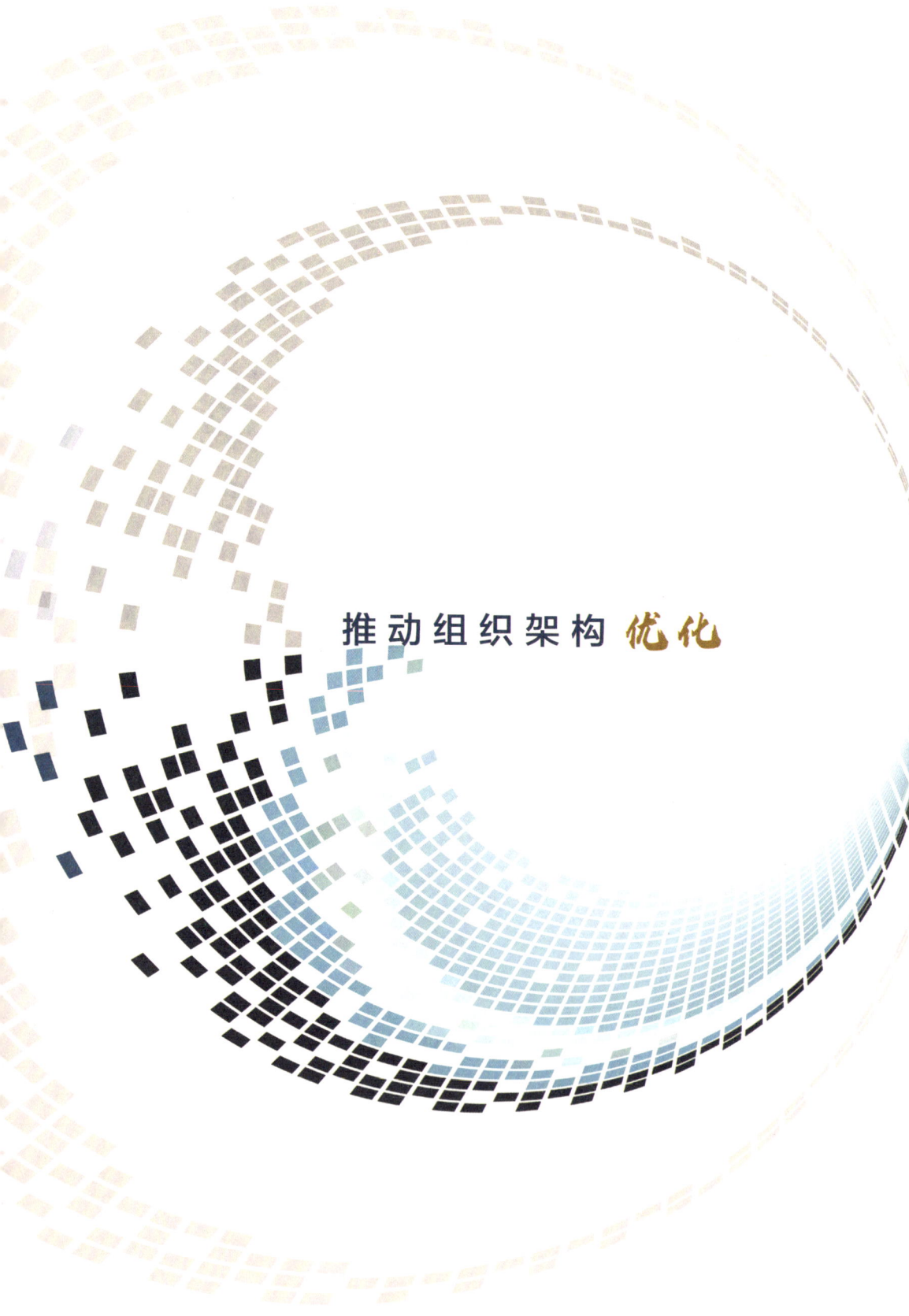

推动组织架构 *优化*

2021年3月,云南电网公司印发了《云南电网有限责任公司现代供电服务体系推广建设方案》,正式开启了现代供电服务体系在云南的试点建设工作。楚雄供电局作为第一批试点单位,勇于实践,探索创新,将现代供电服务体系建设作为满足彝州人民对美好生活的电力需要的落脚点,以彝州人民用电需求作为起点,数字化转型为支撑点,积极推进"前中后"台组织模式构建,打造高质量彝州电力服务品牌。

在云南电网公司统筹带领下,楚雄供电局拓宽需求收集渠道,探索多种形式的前台网格服务模式,快速洞察、响应用户需求,拉近用户与企业的距离,试行"身边的网格服务"模式。与公司电力客户服务中心积极试点两级中台运作模式并固化运作机制,合力搭建省、地两级中台数字化运用平台,创新"干、管、盯"机制,推动业务穿透管理,建立自下而上、自上而下的需求响应机制,为体系建设和用户问题解决提供"业务、技术、数据"支撑。强化后台作用,实施集约化、扁平化管理,持续优化管控流程,强化资源配置,提升支撑保障能力。"前中后"台架构如图3-1所示。

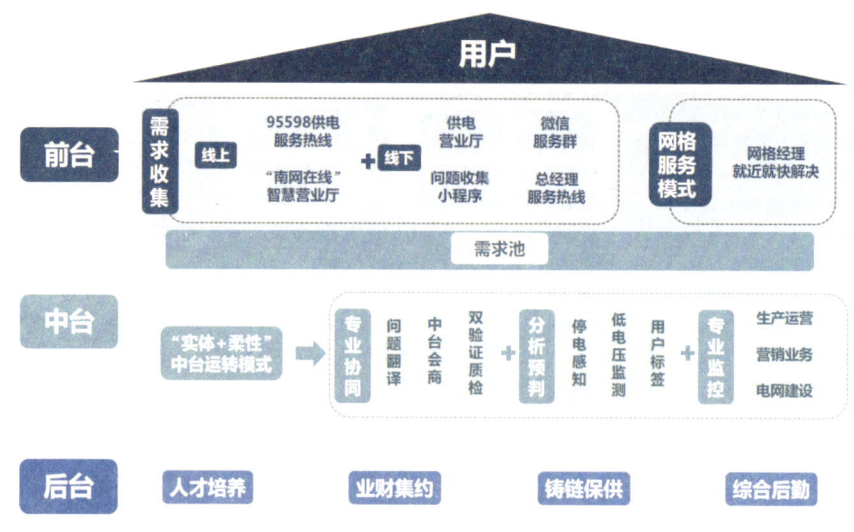

图 3-1 "前中后"台架构

第一节 构建敏捷前台 激活"末梢神经"

以往的管理模式是以供电所为最小管理和服务单元,一般由供电服务班或营业班人员直接承担用户服务工作,因服务责任细化分解不够全面,可能会出现用户有问题不知道具体找谁的情况。云南电网公司结合现代供电服务体系建设情况,印发网格化服务管理实施方案,着力优化前台服务模式。楚雄供电局积极实践,以服务用户为导向,以"用户之所见、用户之所感"定义前台,进一步整合前端服务资源,打造既懂技术又懂用户的前台服务团队,快速洞察、响应用户需求,提升服务质量效率,打通服务"最后一公里"。

按照 PDCA 管理方法，以网格为最小单元划分服务"责任田"，履行"服务渠道推广、用户需求响应、服务信息发布、用户关系维护"等职责，打造专业、优质的用户服务新团队。积极推广线上服务渠道，拓宽线下服务模式，发挥用户需求"哨卡兵""侦察兵"作用，全面洞察用户需求，搭建"需求池"。深入运用营销融合 App 实时录入用户需求，实现用户需求"全录入、快传递、速解决"，支撑前台网格经理"六个我知道"[1]。推进由"简单"服务向"贴心"服务、"被动"服务向"主动"服务转变，切实提升用户用电满意度。

一、实践网格服务模式

按照云南电网公司网格化服务管理要求，楚雄供电局结合楚雄州山多地广、乡村人口稀少、城镇局部人口密集等地区特点，探索出一套适用于不同区域的网格服务模式，更好地贴近用户、服务用户。

"网格"是指基于配电网网架结构、行政区划分和电网设备运行等情况，以台区为基本单元，结合负荷变化、用电户数、用户结构和工作量等因素，将辖区内若干相邻线路、整条线路或供电台区进行组合，形成的一个管理区域。网格示例如图 3-2 所示。

"网格经理"是指根据网格划分情况，在网格内开展抄核收、客户服务、用电检查、业扩报装、计量管理、线损管理、安全管理等业务的

---

[1] 六个我知道：指网格经理通过运用"营销融合 App"实现我的网格我知道、我的指标我知道、我的任务我知道、网格需求我知道、处理进度我知道、停电信息我知道。

工作人员，通常情况下网格经理由熟悉营销各项业务的人员搭配组成，形成技能互补。

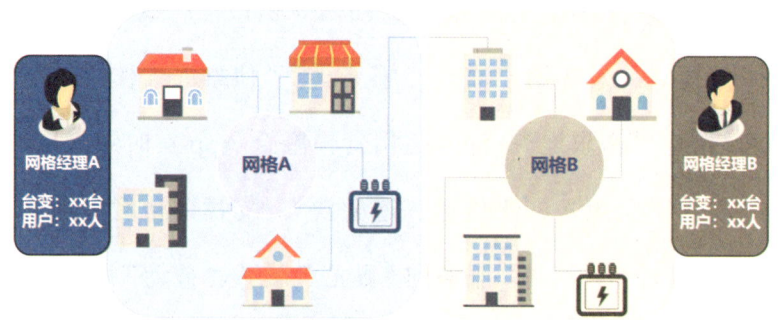

图 3-2　网格示例

"网格组"是指在一个或多个网格内，若干网格经理组合或多个网格间集约资源协同开展某项工作的小组。为满足用户服务要求，按照"区域或电网相邻、技能兼顾、资源共享、优势互补、服务高效"原则，将两个及两个以上网格组合成为网格组，择优选定综合技术技能较强的网格组长，全面负责网格组内各网格的监督、管理、评价、协调，推动网格责任落实、网格之间高效协同。

（一）网格服务模式的思路

楚雄供电局将供电服务辖区进一步划小，让用户和服务资源同时"入格"，构建最小单元服务责任田，明确网格职责和到位标准。建立责、权、利、能匹配的责任制，从提升服务质量效率和营销基础管理水平等维度择优划定责任人，建立完善的支撑体系为网格赋能，打造企业放心、用户信赖的用户服务新团队，不断赢得用户和市场。网格划分示意图如图 3-3 所示。

第三章　推动组织架构优化

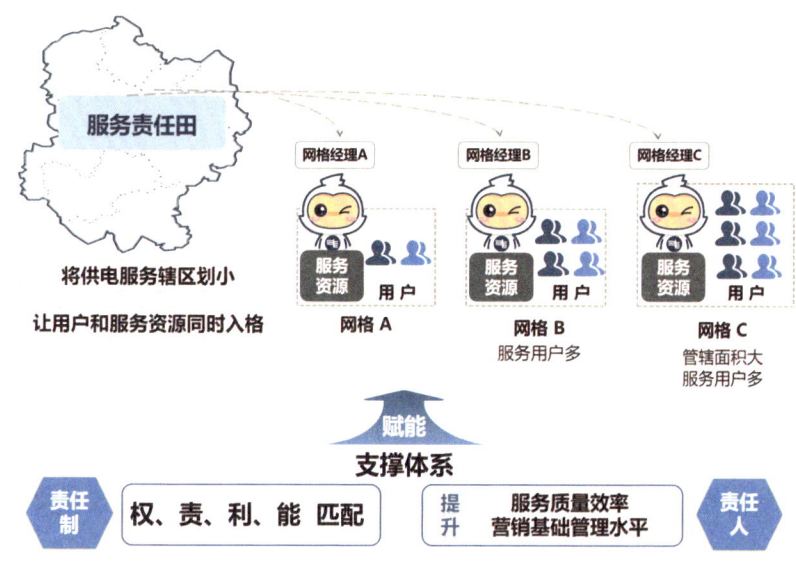

图 3-3　网格划分示意图

楚雄供电局应用 PDCA 管理方法，承接落实云南电网公司网格化服务要求，探索网格服务模式运转机制。计划阶段，通过基层调研、用户走访、用户需求分析，找准制约用户用电体验和供电企业服务水平提升的突出问题。结合电网网架结构、服务资源配置、用户群体特性，综合研究制定前台网格化管理方案和网格服务模式。执行阶段，通过分层级宣贯培训，为各层级讲清讲透网格化管理思路、落实方法、推进计划，指导各基层供电所科学合理划分网格，着力压实服务责任。检查阶段，通过建立网格化管理激励约束机制，设定网格管理评价维度、方法、周期和奖惩实施细则，不断解决网格服务中出现的问题。处置阶段，定期总结分析网格服务模式推广和运转情况，提炼典型经验做法和运转机制，促进网格管理水平提升。

（二）网格服务模式的探索

楚雄供电局的供电辖区普遍具有农村偏远地区用户分散、供电服务半径长，城镇区域用户集中、人口流动性大等特点，制约了网格服务模式推进。在前期网格探索阶段，经过深入分析，发现一种标准化的网格通用模板难以在全州范围内推行，楚雄供电局按照位置相近、工作量均衡、服务便捷、职责界面清晰的原则，以"按片、按线、按台区、按专业"的方式，在各县级供电单位开展了网格实践探索。

楚雄南华供电局探索区域型网格模式，将营销全业务进行集约化管理，营销人员集中至局本部办公，以网格专业化管理推动诉求价值化、人员专业化、业务集约化、流程系统化、信息共享化。在打造"敏捷前台"的同时，压实网格责任，推动网格经理"专业的人干专业的事""只做一件事，做好一件事"，实现营销管理"流程简单、业务规范、人员减负、指标提升"的工作目标。组织"服务进村社"活动，由所领导带队，组织网格经理到各村委会主动上门服务，走村入户地收集用户需求、解决用户问题，拉近企业与用户的距离（图3-4）。

楚雄大姚供电局建立"设备主人＋网格经理＋群众护线员＋党员责任区"的网格服务模式，以"分片包干"的形式，有效打通了"供、配、用"各环节业务管理沟通壁垒，实现供电所员工"一岗多能"，将用户服务窗口前移，形成"有问题找网格经理"的服务导向。图3-5为网格经理指导用户使用"南网在线"App。

图 3-4 供电所"服务进村社"

图 3-5 网格经理指导用户使用"南网在线"App

楚雄武定供电局采用"营配综合模式",即"网格经理+设备主人"网格化模式,按照"三分"(分层管理、分层监督、分层管控)原则响应用户需求，建立网格服务信息群，支撑网格经理做到"三清三掌握"[①]，让网格经理走出去，主动与用户接触，就近、就快解决用户问题。

楚雄姚安供电局搭建"大网格+小区块链"模式，创建"三心"（诚心、用心、耐心）、"三快"（快速接单、快速沟通、快速处理）特色服务，打破传统营业员和供电服务员单一工作模式，实现网格服务覆盖全业务、全流程、全岗位，做实做活网格服务。采取"竞聘上岗、工分计酬"的绩效管理模式，推动网格间竞争，提素质、优服务。图3-6为楚雄姚安供电局太平供电所"大网格+小区块链"模式。

图3-6 楚雄姚安供电局太平供电所"大网格+小区块链"模式

[①] 三清三掌握："三清"即清楚片区内用户诉求问题、清楚片区内抱怨高风险用户、清楚片区内供电服务情况，"三掌握"即掌握服务沟通技巧、掌握片区内热点难点问题、掌握用户问题处理进度。

第三章 推动组织架构优化

楚雄元谋供电局创新实践"网格经理+助理"[①]模式,网格经理负责对停电、故障信息、抢修进度、预计复电时间、现场抢修照片等信息进行传递,定期走访网格区域内用户,核对用户信息、收集用户需求(图3-7)。发生停电时,网格经理深入用户家中,分片区一对一做好用户服务,获得用户的理解与支持。通过助理牵线搭桥,协助网格经理与用户快速建立关系,实现管理重心由"事后"补救转变为"事前"预防、"事中"及时纠偏。

图3-7 网格经理到现场走访宣传需求反馈渠道

楚雄牟定供电局搭建营配融合的综合型网格,以台区为单位划定服务网格,并根据网格区域内多个关键指标,制定出不同网格的难度系数,网格经理根据自身的业务能力竞争认领网格,实现网格工作一体承担、

[①] 网格经理+助理:指网格经理+保安、物业、门卫、电工、村委会、村小组、护林员、护线员等。

一体负责、一体评价和一体考核。

楚雄双柏供电局搭建"网格经理＋设备主人"模式，提出"四用"（用指标说话、用数据分析、用系统管理、用网格落实）管理要求，实现用户问题快速解决，服务水平明显提升。

楚雄鹿城供电局建立纯营销网格模式，"化整为零、重点管控"，压实网格责任，以供电片区为单位划分大网格，根据网格内用户数、业务量等维度细化为小网格，明确网格经理责任区域及工作职责。网格经理与用户保持紧密联系，多渠道实时发布服务信息，及时收集网格内用户动态需求，快速响应和满足用户用电需求，增强与用户的"黏性"，用户有事找网格经理的服务方式初见成效，实现用户沟通"零距离"。

楚雄禄丰供电局建立网格经理责任制，通过"三定"（定网格、定职责、定奖惩）原则，压实网格经理职责，每月开展网格经理履职情况评价，建立用户需求台账，多部门协同处置，重点跟踪解决用户问题，提升用电满意度。

楚雄永仁供电局将供电所区域内的用户服务工作划分为多个网格，重点负责用户走访、问题收集、完善用户基础档案信息，网格经理主动建立微信群，及时发布停电信息、宣传推广办电渠道、解答用户用电问题。

（三）网格服务模式的固化

通过在十家县级供电单位开展不同的网格服务模式试点实践，楚雄供电局综合考虑县级供电单位管理模式，在满足用户服务、不影响业务运营的前提下,逐步固化实践经验,形成了"区域型、纯营销型、网格经理+设备主人、专业型"四种典型的网格服务模式,推动组织架构的优化调整。

区域型网格。将多个供电所营销人员集约整合形成独立的网格,全面负责本网格内的营销业务和用户服务工作。适用于营销人员人数较少、技能单一、用户数量较少且分散、车辆及办公资源配置不足等情况的供电所。

纯营销型网格。将营销专业人员划分为一个或多个网格,分别负责本网格内的所有营销业务和用户服务工作。适用于营销业务人员数量较多、业务体量大、管理难度大的供电所。

"网格经理+设备主人"网格。在一定区域内,将生产工作、营销业务、用户服务工作划分为一个网格,由一个或多个网格经理、设备主人共同落实责任、完成指标。适用于营配合一、人员综合素质和业务技能同时具备生产和营销工作要求的供电所。

专业型网格。将一定区域内的用户服务工作划分为一个网格,网格经理专业负责网格内的用户服务相关工作,其余工作由供电所统筹开展,为网格经理提供强有力的业务支撑。适用于工作体量大、人员技能不平衡的供电所。

(四)网格服务模式的支撑

在网格服务模式实践过程中,楚雄供电局以解决用户问题为核心,建立用户服务四级责任机制[1]及三项服务机制[2]，进一步压实各层级责任，推动各专业部门主动作为、超前控制、系统化管理，缩短服务时长，提高用户需求一次解决率，提升服务组织韧性，"管业务必须管服务"责任得到压实，有效满足用户需求。

建立完善用户服务四级责任机制，进一步明确各层级用户服务责任。领导班子负责建立、规范和完善各自分管领域的业务和流程，确保业务规范、流程顺畅，统筹协调本单位资源支撑网格服务。各专业部门负责人负责本专业领域、本层级职责范围内用户需求分析、处置，协调资源支撑网格服务，并通过用户需求分析查找本专业管理薄弱环节、业务不规范的地方，进一步规范业务、提升管理。供电所长负责统筹协调各网格组、网格工作，协调所内资源支撑网格服务。网格经理负责网格内用户需求的收集、响应、传递、跟踪和反馈。

建立完善用户服务三项服务机制，支撑前台网格经理做优用户服务。网格经理服务机制即网格"三件事"：开展用户沟通、解决用户问题、传递协同问题。开展用户沟通即耐心解答用户提出的问题，注重沟通方式，不发生需求越级及违反服务负面清单的行为。解决用户问题即针对用户反映的问题，在网格经理、供电所层面能够解决的，由网格经理就近、就快解决用户问题，并通过融合 App 记录工作开展情况。传递协

---

[1] 四级责任机制：县级供电单位领导、各部门负责人、供电所所长、网络经理四级责任人的服务责任。
[2] 三项服务机制：网格经理服务机制、供电所日跟踪处理机制、县级供电单位周协商机制。

同问题即针对用户反映的问题,在网格经理、供电所层面无法解决,需要专业部门支撑、协同的,由网格经理通过融合 App 录入,传递至各单位中台解决;将各级中台制定的协同问题处理措施及完成时限传递至提出需求的用户及关联台区的用户,做好沟通解释。供电所日跟踪处理机制即供电所每日召开晨会对用户需求进行统筹协调,避免用户需求遗漏、长时间积压,确保用户需求 100% 得到及时响应。县级供电单位周协商机制即县级中台组织各专业部门每周对网格上报的需协商问题进行协同会商,积极解决用户问题,支撑前台做好用户服务工作。图 3-8 为网格经理入户开展服务。

图 3-8　网格经理入户开展服务

为更好地支撑网格经理服务用户,在云南电网公司的带领下,楚雄供电局开发实用、易用、好用的数字化工具,促进前台服务提质增效。优化完善现有业务系统,充分挖掘系统数据价值,实现停复电时间、故障抢修进度、电价政策等用户最关心的信息共享，支撑网格经理就近、就快服务用户，增强用户信任感。

二、拓宽前台服务渠道

楚雄供电局通过积极推广前台服务渠道，提升前台服务能力，让用户可以方便地在家中完成各种用电业务的办理及服务咨询。前台服务渠道按照用户需求来源，主要分为线上渠道和线下渠道。

线上渠道主要包括95598供电服务热线和"南网在线"智慧营业厅。95598供电服务热线在提供话务服务的基础上聚焦服务智能化升级，提供智能客服、智能IVR[①]等服务，持续优化用户服务体验。"南网在线"智慧营业厅整合"南网在线"App、支付宝生活号、微信公众号、微信小程序等多渠道接口，统一命名，树立统一服务品牌，给不同渠道接受服务的用户提供统一的服务体验。

线下渠道主要包括供电营业厅、网格服务热线、供电所服务热线、总经理服务热线、微信群、微信用电问题收集小程序等。通过固化网格服务热线，实现网格经理"换人不换号"，网格服务渠道"长期固定"，利用公示牌（图3-9）、即时贴、短信、电子名片、电话外宣彩铃以及互联网渠道广泛宣传，方便用户第一时间与网格经理取得联系。在各县级供电单位设置总经理服务热线，在各供电所设置供电所服务热线，方便用户

---

① IVR：自动语音应答业务，是在移动网基本语音业务基础上延伸出来的业务，手机用户通过拨打指定号码，可以根据操作提示收听、点送所需语音信息，或者参与聊天、交友等互动式服务。

及时反馈信息并对网格服务作出评价反馈。网格经理主动加入村委会、社区、村民小组微信群，实现用户需求"随手反馈、全面收集"。开发问题收集微信小程序，用户"随手操作"即可反馈需求，为用户提供高效、快捷、规范的需求反馈渠道。

图 3-9　张贴网格经理公示牌

随着服务渠道的逐步拓展，用户可通过更多、更便捷的方式反映需求、办理业务，真正做到用心、用情服务用户（图 3-10），提升用户问题解决质效，用户满意度持续向好，2021 年、2022 年楚雄供电局第三方客户满意度连续两年在云南电网系统内排名第一。

图 3-10　用心、用情服务用户场景

三、搭建"需求池"全面收集信息

前台收集到用户需求后，需要一个存储用户需求的容器，"需求池"就是云南电网公司为全面汇聚用户需求而搭建的需求"存储器"。通过"需求池"，实现用户需求的收集、传递、处置全流程管理。畅通"省、地、县、网格"信息双向传递渠道，网格经理通过营销融合App将用户需求录入、汇集至"需求池"，并生成唯一需求ID编号，实现"线下需求线上管理"，用户需求可查询、可追溯、可监控。

用户需求进入"需求池"后，对需求进行分拣、传递。对于简单的咨询、故障报修、用电申请等业务，由网格经理就快、就近解决。对于低电压、重过载、频繁停电等问题，传递至中台会商纳入"问题库"协同治理。对于个性化、差异化用电用能需求，主动探索和开发符合用户期望的"基础+"服务。

四、强化数字化工具助力前台服务

RPA 助力系统替代人工,释放人力资源。应用 RPA 工具研发多款自动化机器人,实现微信群用户需求自动收集、95598 客服工单自动派单和审核、用户侧停电信息自动抓取、服务态势自主感知等功能,支撑实时发布服务预警和制定预防性服务策略。研发客服诉求工单自动化、无人化值守工具,实现全天候无间断自动派发五类用户诉求工单、欠费复电工单自动审等功能。研发微信问题抓取小程序,建立更加便捷、灵活、高效的市场及用户需求响应机制,实现用户需求自动抓取、自动派发。通过 RPA 工具代替人工,简化了作业流程,提高了工作效率,释放更多的人力资源到服务用户中来。

数字化工具有力支撑网格经理精准服务。开发频繁停电、低电压用户抱怨热力分析工具,根据用户诉求内容进行分析并建立台账,将信息推送至网格经理,支撑网格经理开展服务。拓展实体化中台运营监控平台"问题库"功能,网格经理将需要上级协助解决的问题录入该模块,实现需求线上流转、线上协同,高效解决用户问题。

通过"业务系统+运营监控平台"支撑,"营销融合 App+RPA+微信小程序+自动化图表工具"应用,大幅提高了用户需求获取、传递、分析、处置的效率,减轻了基层负担,形成了云南电网特色数字化转型基层探索实践经验。

> **案例 3-1**

营销融合 App 实现用户需求"看得见"

为了更好地了解和满足用户用电需求，云南电网公司开发了营销融合 App，打通业务系统数据接口，畅通"省、地、县、网格"信息双向传递渠道，实现业务"终端办理、一键触达"。楚雄供电局深入运用营销融合 App，网格经理在走村入户开展用户服务时，使用营销融合 App 轻松地记录和上传用户问题，并生成唯一问题 ID 编号汇集至营销系统，实现"线下需求线上管理"。

供电所网格经理表示："以前我们都是用笔记录用户问题，回到所内再移交给处理人员，现在可以用营销融合 App 详细、准确记录，及时传递用户问题，不用再担心遗漏用户需求了。"

营销融合 App 为用户需求洞察及响应提供了有力支撑，不仅简化了用户需求的收集和传递过程，同时提供了便捷的查询和监控功能，网格经理能够更高效、快速地响应用户需求，提升了用户用电体验。

第二节　搭建高效中台　建强"中枢大脑"

若将现代供电服务体系比作一个人，中台就是人的"中枢大脑"，专业融合、业务贯通、资源整合是中台建设和运转的关键。在云南电网公司的带领下，楚雄供电局探索实践"实体+柔性"中台运转模型，与公司电力客户服务中心联动，打通用户问题横向专业协同、纵向穿透督办的通道，确保用户问题精准识别、高效解决。在积累省、地中台实体化运转经验的基础上，楚雄供电局组织十家县级供电单位搭建实体化中台，构建起智慧、高效、稳定运行的楚雄特色中台模式。

楚雄供电局现代供电服务体系中台围绕用户问题解决、需求挖掘和风险研判、专业业务监控等方面开展运营。发挥用户问题解决中心作用，聚焦传统用户需求管理模式变革，建立健全用户问题全流程管理，分层分级管控用户用电用能问题，推动各层级、多专业深度协同，提高问题处置效率，实现由传统的"专业管理"向"用户需求管理"转变。发挥提前谋划、预防潜在风险的作用，通过发掘、汇聚、分析用户需求，提前研判可能出现的问题，及时输出预防性服务策略，有力支撑前台精准服务。发挥各专业领域业务监控作用，按照生产、营销、基建专业管理要求搭建各专业业务监控系统，进一步支撑专业管理策略优化及调整，逐步构建起更聚焦于专业内部问题监控、分析、指挥、闭环管理的专业"驾驶舱"。

楚雄供电局通过"实体+柔性"中台模式的运转，建立完善生产、营销、基建等多专业协同的工作机制，并依托数字化手段搭建起各专业监控平台，充分发挥"干、管、盯"机制作用，确保各专业管理"小循环"正常运转，支撑供电服务"大循环"螺旋式提升。

一、"实体+柔性"中台运转模式

为实现用户用电问题的穿透式全流程管控,云南电网公司探索出"实体+柔性"中台运转模式,有效贯通省、地、县三级中台运转。楚雄供电局围绕用户需求全生命周期的监控、预警、分析、指挥、评价,凝聚"始于用户需求、终于用户满意和价值共创"的共识,搭建供电服务"大循环",打造前台服务指挥"司令部",指挥前台人员贴近用户全面收集用户需求,高效满足用户用电用能需求。健全"问题监测—处置跟踪—协同会商—评价销号"的各专业管理"小循环",打造中台问题解决的"参谋部",驱动纵横协同、同向发力解决用户问题。纵向做好与省、地、县三级中台联动(图3-11),建立自下而上的信息互通、自上而下的资源保障机制,实现用户需求的分层分级响应,强化上下联动;横向促进各层级、多专业深度协同,提升需求响应及用户问题解决效率,真正推动"专业管理"向"用户需求管理"转变。

图3-11 省、地、县三级中台

第三章 推动组织架构优化

（一）"实体"中台运转

建设具有实体组织机构的实体中台，开展用户需求管理、运营监控、协同管理、评价管理、服务应急、运营支撑等工作。

省级实体化中台以电力客户服务中心为载体，聚焦支撑前台服务，分析基础业务短板，发掘用户多元化、个性化需求，多维度输出服务策略。聚焦用户问题解决，形成全省统一的问题管理规范，划分清晰的运营职责界面，建设信息化运营支撑平台，为中台的高效运营提供了管理制度规范和数字化支撑保障。聚焦服务能力持续提升，固化预警、告警、网格督办的管理流程和机制，对地市运营服务情况开展常态化监控，提高服务水平。从用户价值创造、"前中后"台运营成效和生态伙伴聚合能力等角度出发，建立多维度评价指标体系，输出和应用评价结果，持续优化服务能力。

地市级实体化中台搭建在地市局供电服务中心和生产运监中心。地市局供电服务中心是线上用户需求的"中转站"和线下用户需求的"集散地"，对用户需求进行监控、分析、运营、评价，解决好每一个问题，实现"有人干、有人管、有人盯"。发挥承接者和推动者作用，有效承接省级中台下发任务、问题清单，推动县级中台高效运营，结合属地实际充分发挥基层首创精神，纵向深入推进贯通地、县、所、网格四级的现代供电服务体系建设运作模式。发挥监控指挥、资源调配、整合支撑的中台枢纽作用，对全量问题治理情况进行监控、预警、督办，确保现代供电服务体系实体化中台有效运转。生产运监中心是供电类问题解决的实施者、监督者，定期组织生产、营销、规划等专业部门召开中台会商会，对供电服务中心分析传递的协同问题进行会商、制定措施、监控治理、验证闭环，确保用户问题高效解决。

县级实体化中台以营配指挥中心为载体，主动承接地市中台下发的任务及问题清单，开展线上线下用户需求收集、分析、处置。对供电所无法解决的问题组织会商并实时将进度反馈至前台网格经理，支撑前台与用户沟通，提升用户问题解决效率。

（二）"柔性"中台联动

柔性中台包含生产、营销、基建等专业人员，承担本专业内问题的处置措施决策、协同资源调配、措施整改闭环等职责。柔性中台实时响应实体中台会商需求，履行中台用户问题解决管控责任，确保措施有效、用户认可，支撑实体中台解决用户问题。

➲ 案例 3-2

率先实现地市级体系中台实体化运转

楚雄供电局于 2021 年 9 月在供电服务中心搭建了地市级中台，全省首家实现了现代供电服务体系中台实体化运转。

楚雄供电局将中台划分为需求管理、协同运营、服务监督、数字化支撑四个工作小组，面向楚雄州全区域开展用户需求收集、服务策略制定、中台协同运营、服务监督等工作。需求管理组主要负责用户需求全过程管理、服务预警发布以及停电监控等业务，通过主动洞察感知、"线下＋线上"渠道全面收集用户需求，使用 RPA 实现用户需求自动抓取、自动分析、自动传递，多渠道、实时将用户需求纳入监控管理。协同运营组主要负责用户需求策略制定、用户需求过程监控以及协同问题处置，协同各专业部门共同会商解决用户问题，进一步打破了专业间壁垒。服务监督组主要负责问题质检，在用电问题处理完成后，以用户视角、专业视角对问题治理情况进行"双验证"闭环，站在用户角度真正了解用户问题处理情况。数字化支撑组主要负责信息系统、RPA 等自动化工具研发、维护，支撑营销数字化转型，大部分工作都实现了"机器代人"。

楚雄供电局中台运营监控人员说到："中台成立后，使得我们异常能发现、专业能协同、问题能解决，让我们能更快、更强、更有效地为前台服务人员提供火力支援，同时也能更全面、更系统、更专业地为后台提供决策支撑。"楚雄供电局实体化中台工作小组如图 3-12 所示。

图 3-12　楚雄供电局实体化中台工作小组

案例 3-3

探索县级中台实体化运转

为提高抢修速度、加快信息传递、规范需求收集、提升问题解决时效,楚雄鹿城供电局在营配指挥中心搭建了县级实体化中台(图 3-13),建立起业务、数据、问题协同机制,充分发挥中台监控分析指挥、服务态势感知作用,支撑前台网格经理开展服务。

图 3-13　楚雄鹿城供电局实体化中台

"我们通过服务群实时掌握网格经理工作状态,指挥前台网格经理精准服务,对服务过程和质量进行动态监控。建立用户问题会商机制,跟踪督促问题处置进度,提升处置效率,并对前台网格经理反馈的问题提供技术指导、资源支撑。"楚雄鹿城供电局郑师傅说到。

2023年2月10日，某10千伏线路计划停电工作受天气影响导致复电延期。面对这一突发状况，楚雄鹿城供电局中台第一时间发布了服务预警，精准指挥前台网格经理开展服务应急工作，积极与用户沟通解释，得到了用户的理解。

通过县级实体化中台搭建，逐步形成了从用户视角审视工作、评价服务的思想和行动自觉，个体能量不断激发，组织韧性持续增强，各专业、各层级协同机制不断优化完善，用户需求得到高效满足。

二、专业协同推动问题解决

在传统服务模式下，前台网格经理收集用户问题后，对于难以解决的用户问题没有一个良好的传递处置渠道，用户问题解决效率低、跨越周期长。与传统的服务模式相比，中台更聚焦于用户问题解决，通过打破各专业壁垒、强化专业协同，促使各专业站在用户视角共同发力，协同开展工作。以解决用户用电问题为主线，中台运用"需求池"全渠道汇聚用户需求，打造问题解决的"参谋部"，以"问题库"为抓手，建立问题解决机制，提升问题解决效能，让专业协同成为常态。网格经理将无法解决的用户问题传递至中台，中台通过会商机制协同专业部门高效解决用户问题。用户问题收集处置流程如图3-14所示。

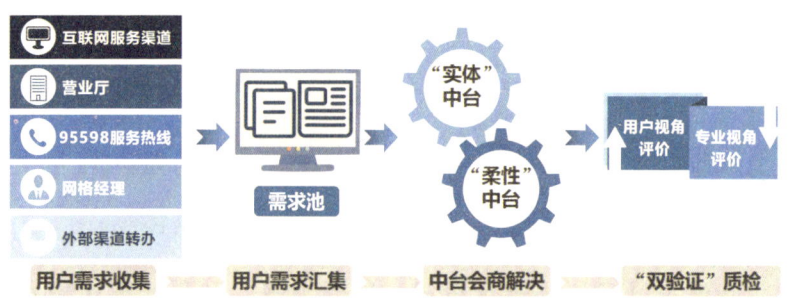

图 3-14 用户问题收集处置流程

当好"翻译官",用户问题更聚焦。地市实体化中台对全量用户需求进行分析、监控,通过电网设备"画像",将用户反映的电压低、停电频繁、安全隐患、用电接入受限等问题归集到电网的线路、台区中,把用户需求转化为供电企业内部生产、营销、基建各专业的具体问题和任务,实现问题治理维度由"点"到"面"的转变,当好用户需求"翻译官"。地市局供电服务中心以用户诉求为主线、配合电压召测、停电次数、停电时长等维度,共同确定治理优先级,将用户问题录入"问题库"后传递至生产运监中心确认,由生产运监中心将需治理的问题清单传递至生产、营销、规划等部门制定措施并开展问题治理。项目立项与用户需求相结合,以能否解决用户问题为出发点,项目申报由实体化中台负责人审核确认,实现以用户需求引导项目立项,切实解决用户问题。

"柔性"中台会商,专业协同更有力。建立"柔性"中台会商机制,围绕实体化中台输出的问题清单,定期组织生产、营销、基建等"柔性"中台人员会商解决用户问题,协同输出"临时措施+永久措施""专项治理+常态运维""问题处置+优质服务"的综合性、典型性解决方案，明确治理措施及时限，并按专业进行问题处置跟踪。其中电压质量、频繁停电等供电类问题由生产运监中心进行跟踪，电能计量、抄表计费等营销类问题由供电服务中心进行跟踪，实现问题流程化、可视化管控。

"双验证"质检，问题处置更高效。在问题治理完成后，以专业视角及用户视角对问题治理情况进行"双验证"。专业视角验证即各专业按完工规范、生产运行数据进行验证，且在验证期间，同一台区、线路未发生重过载、低电压、频繁停电等问题。用户视角验证即服务回访验证，设置专人对已办结用户问题开展回访，同时未发生同类诉求，问题方可闭环，实现从专业视角向用户视角转变。通过服务视角的转变，站在用户角度真正了解用户问题处理情况，发挥问题质检职能，为用户代言，真正解决用户用电问题。楚雄供电局现代供电服务体系运营中台监控界面如图3-15所示。

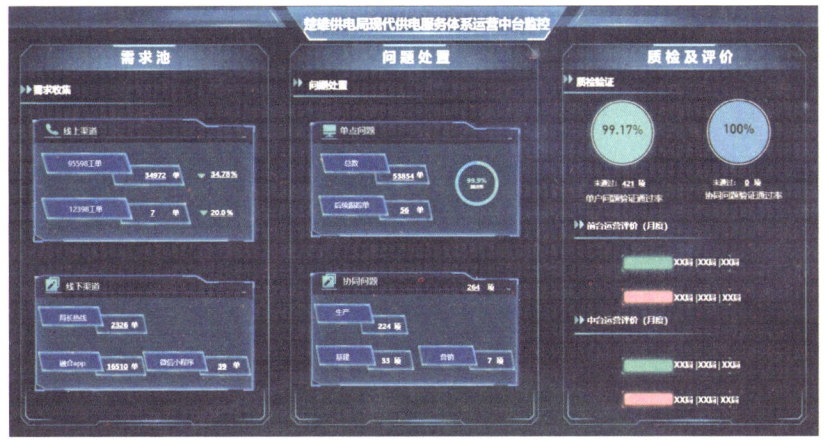

图3-15　楚雄供电局现代供电服务体系运营中台监控界面

三、精准分析预判服务风险

在提供服务的过程中，提前预判并精准识别服务风险至关重要。中台通过对数据进行分析和挖掘，提前研判可能出现的问题，通过动态监测反馈，及时采取措施并调整和优化服务流程。结合用户急需解决的热点问题，优化调整专业管理策略，编制适合基层、服务用户的业务指导书，支撑基层业务顺畅办理。聚焦主要矛盾，快速协同响应用户需求，输出服务策略至前台，为前台筑牢用户服务"第一防线"提供"火力支援"。中台通过提前预控、精准指挥，实现从"事中事后处置"转变为"事前风险预判管控"。

为发挥多部门协同能力，做好电网特殊情况下的应急保供电服务，云南电网公司研发上线了保供服务数字化平台，支撑各层级人员快速掌握停电台区、用户诉求、抢修情况、台区负荷等信息。平台可监测抱怨与停电风险指数，将服务风险高、需要重点关注的区域推送至一线人员，及时掌握现场应急服务情况，调配服务资源，做好靠前服务。省、地两级中台人员运用该平台实时监控停电与用户诉求变化趋势，聚焦风险区域，掌握应急服务点设置情况，及时调配服务资源。县级中台人员运用该平台做好风险线路和台区监控，掌握抢修进度、物资配置与现场网格经理分布情况，将监控信息传递给供电所。供电所网格经理运用营销融合App及时传递停电信息、用户需求信息，上报应急服务现场情况及存在的问题，与中台人员联动，做好应急服务。

研发停电态势感知 RPA，自动采集分析计量终端数据，结合营销系统用户诉求、停电事件等信息，输出疑似停电用户清单，主动获取用户停电信息。研发用户停电抱怨热力分析工具，开展用户问题分析、研判，通过营销融合 App 及时向网格经理推送低电压、用户停电等异常信息，支撑网格经理主动服务。

案例 3-4

中台精准预测，支撑春节用电无忧

历年春节期间，由于返乡人员剧增，用电负荷加大，往往会引发局部变压器过载，造成电压低、故障跳闸等问题。在 2023 年春节"返乡潮"到来前夕，楚雄供电局提前谋划、精心组织，多举措备战返乡用电高峰，为返乡人员"电"亮回家路。

春节前，地市中台对历年来春节期间变压器负荷、用户诉求等信息进行分析，精准预测可能出现重过载的变压器，输出异常清单，通过中台会商分层分级开展综合治理。县级供电单位积极部署，主动出击，多措并举，为春节"保电护航"，其中楚雄南华供电局研发配变三相负荷调整精益分析工具，精准开展三相负荷调整，楚雄鹿城供电局整合资源，更换重过载变压器、安装换相开关、新增配变布点，有效解决重过载问题，提高用户用电体验。

"在往年春节期间，由于回家过年的人口集中，用电负荷一增大，部分变压器就会跳闸，我们供电所抢修工作任务就会增加。通过今年春节前的集中治理，故障停电情况也少了，春节值班我们的工作也很轻松了。"楚雄鹿城供电局城区供电所配电运维工李师傅说到。

春节期间，地市中台结合云南电网公司计量中心下发的负荷突增台区清单数据进行测算，将返乡数据与网格进行同步，支撑网格经理及时了解辖区负荷增长情况，实现"返乡负荷增长我知道"。通过提前策划，提前介入，让返乡用户在春节期间用电无忧，过一个温馨祥和的春节。

"以前春节回家，家中没有电不知道是什么情况，也不知道找谁处理。现在网格经理会经常在微信上发布用电信息，家里面用电有问题我们一联系网格经理就会派人及时来帮我们处理，服务真的是太好了。"村民王先生说到。图3-16为网格经理"电"亮彝家人。

图3-16　网格经理"电"亮彝家人

华为公司任正非说:"让听到炮声的人呼唤炮火",即以前方的需求为中心,后方必须及时、有效地提供支持与服务。同样对于电网企业而言,前台收集并反馈的需求要快速响应,提供有效支撑。中台通过聚拢多专业协同会商解决用户问题,精准分析,提前研判服务风险,有力支撑前台为用户提供优质服务。中台的作用不仅在于整合和协调各专业团队,更在于能够通过数据分析和智能化工具提供准确的指导,使得前台服务能够更加高效和精确地满足用户用电需求。

同一用户在不同阶段的需求也千差万别,如何精准把握用户需求,将直接影响企业为用户创造价值的质效。为了提供更高标准、更高质量的优质服务,需要对用户的整体行为(95598供电服务热线访问次数、访问时长、访问内容等)进行分析,针对性地提供用户所需的服务。用户标签,就是用来满足这一需求的方法,它能帮助电网企业对用户用电特征进行深入分析,探索实现用户优质服务的途径,其核心价值在于精细化定位用户特征,从基础档案、历史诉求、交费习惯、用电行为入手,形成电烤烟、冷库、老人吸氧等分群标注,支撑网格经理掌握用户用电特征,让前台服务更懂用户,提高用户用电用能服务水平。如通过用户标签运营识别电烤烟用户,提前为烤烟用户提供分时段烤烟供电保障(图3-17)。

图 3-17　网格经理主动上门服务烤烟用户

⇒ 案例 3-5

数字化工具助力中台分析决策

"以往发生停电后，在应急抢修过程中，因为缺少快速、精准研判停电范围和主动感知用户需求的工具，停电信息共享不及时、用户服务风险辨识不到位等问题时有发生。"楚雄供电局中台监控人员何师傅说。

针对该问题，楚雄供电局自主研发了停电辅助 RPA（图 3-18），通过自动采集计量自动化系统终端离线、上线和停电告警数据，融合营销管理系统中停电事件、用户拨打服务热线的诉求工单等数据，自动生成集精准识别用户末端停电情况、快速获取用户诉求态势感知于一体的"停电热力分析一张图"，实现停电状态的实时监测、诉求热点的动态感知、服务风险的辅助研判等功能。打通了地、县、所、网格停电信息共享渠道,实现 5 分钟发布停电预警清单、10 分钟确定停电影响范围,使得停电研判更快、更准,停电分析维度更深、更细,停电信息更全、更广。

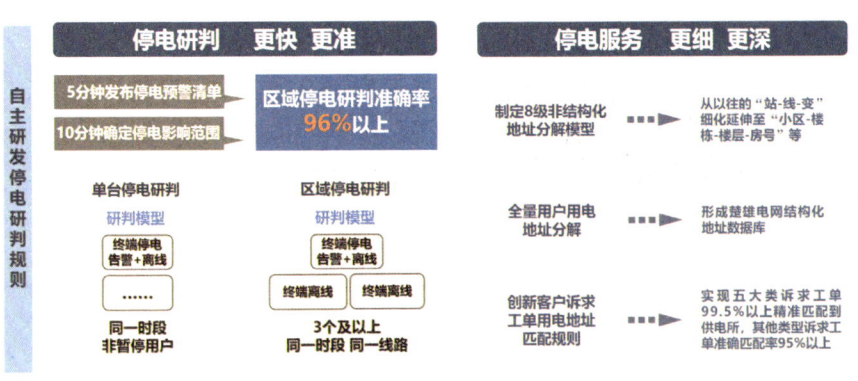

图 3-18　停电辅助 RPA 运行逻辑

"2022 年 2 月,楚雄州经历了 39 年一遇的特大降雪,电网运行受影响,通过采用停电辅助 RPA,10 分钟内快速判定受影响台区及用户数量,结合用户诉求情况开展服务风险识别,做到供电服务快速反应、迅速到位。以往这类问题按常规处理方法,我们中台 6 个值班人员需花费 2 个多小时才能完成。"楚雄供电局中台值班人员高师傅说到。

四、过程监控强化专业管理

基于各业务领域,打造生产运营、营销业务、电网建设专业监控平台，以数字化支撑"干、管、盯"机制有效运转，对专业指标、重点任务进行监控、分析、调度、预警、指挥、评价，支撑各专业管理"小循环"正常运转，实现专业内部全流程运营监控管理。

（一）打造生产运营监控平台

传统模式下，低电压、重过载、频繁停电等问题治理措施制定不够精准，不能作出最及时、最有效的决策，措施执行过程中缺乏有效监督手段，导致用户用电体验不佳。为有效解决电网设备问题，提高生产各专业基础水平，楚雄供电局打造生产运营监控平台，实现生产专业各业务环节监控管理。

充分发挥信息汇集地、专业协同润滑剂作用，开展综合计划监测、指标监测、计划停电流程监测、故障快速复电指挥（图3-19），为各项业务的优化提升及问题解决提供最优解，并对计划实施效果进行验证，推动生产运营状态持续优化。

图3-19 中台开展生产运营监控指挥

构建快速复电监控指挥业务体系，健全停电信息传递机制，打造生产、营销专业协同模式，实现故障快速研判、资源合理调配及抢修全流程监控，提升配网抢修指挥及服务预警能力。建立停电故障研判及抢修信息传递机制，形成"三个一"的主动抢修、服务模式。建立故障工单环节超时预警机制，实时跟踪停电全过程，统计全量配网停电数据。搭建停电统计功能模块，实现停电数据自动输出、有效传递。通过多措并举，缩短用户停电时间，减轻一线班组停电信息报送工作量。

➲ 案例 3-6

故障报修监控 RPA 提升抢修服务效率

针对以往"用户故障报修工单依靠手工处理，不但工作烦琐，而且容易出错"的问题，楚雄供电局开发故障报修监控 RPA，实时监控待签收环节的故障报修工单，且同步在县级供电单位故障抢修工作群发布提示信息并通知相关责任人。此外，完善工单超时提醒功能，实现故障报修工单超时前预警及超时后告警管理。通过故障报修监控 RPA 有效运转，提升了用户故障问题的处置效率，有力支撑了故障报修工单全流程管控工作。楚雄供电局员工纷纷表示，"RPA 的运用大幅提升工作效率，大家能及时掌握故障报修信息并有针对性地开展用户服务，很实用"。

（二）打造营销业务监控平台

依托营销监控平台、四个专题"一张图"等系统搭建营销业务监控平台，对营销全业务、全流程进行监控，精准指挥和督促问题解决，推动运营管理规范化、流程系统化。对营销业务全过程开展实时跟踪，对超时情况第一时间开展预警、告警、督办，发挥"干、管、盯"机制作用，实现营销全业务穿透式监控，及时指挥县级供电单位市场营销部、供电所开展业务整改。实现事中管理、节点控制、穿透式分析，有效提升重点指标及业务办理规范性。

建立营销业务集中监控、分析、指挥闭环的运转机制，推动存量问题的消除、倒逼业务规范，实现管理关口前移。建立监控指挥工作日通报机制，编制形成客户服务、业扩报装、计量管理、抄核收四个营销专业板块的监控到位标准，固化形成监控运行规范。按日对监控关键点进行统计、通报，形成日通报，及时发现指标异常并进行整改。依托云南电网公司营销监控平台，与公司电力客户服务中心开发适合省、地、县应用的"经营管理、服务态势感知、优化用电营商环境、计量和线损"四大功能模块，实现"服务、业扩、计量、抄核收"四个专题"一张图"管理。对指标及业务环节数据进行监控，及时捕捉数据异常、指标异动以及用户诉求处置超时、无效等问题。对监控发现的问题进行深度分析，找准用户关注点、问题关键点、处置着力点、责任落脚点，形成治理策略，精准指挥、处置闭环。

案例 3-7

开展营销全业务监控提升基础管理水平

"现代供电服务体系应具备的基本特征之一就是营销基础业务效率明显提升"。为实现这一目标,楚雄供电局依托云南电网公司营销监控平台,以提升营销基础业务为目标,开展营销全业务监控(图3-20)。

图 3-20 中台开展营销全业务监控

按照"简单、高效、管用"的原则,编制"3+1+8"营销业务监控体系文件[①],对监控标准和监控关键点进行了明确,进一步规范、固化运营监控流程。坚持顶层设计"指路",基层

---

① "3+1+8"营销业务监控体系文件:3个专业工作方案,1个管理手册,8个专业的业务手册(业扩报装、抄核收、用户服务、电能量数据、计量运维、用电检查、营销稽查、营销安全)。

首创"探路",充分发挥省地联动优势,合力打造涵盖营销领域8大专业的关键指标库,发挥"智慧大脑"作用,建设四个专题"一张图",固化至云南电网公司营销监控系统开展实时监控,当指标超过异常阈值时立即发布预警、告警,督促各单位及时跟踪、整改,实现结果性指标可控在控,进一步提升基础业务效率。发挥"分析专家"作用,以问题为导向,将问题收集口向基层一线延伸,建立工作联系群,点对点收集难点问题,上下联动共同提升业务水平。发挥"策划师"作用,以预防问题为目标,不断调整各业务工作策略和管理方法。

楚雄供电局围绕营销业务提升,在现代供电服务体系建设初期,依托数字化小工具初步构建了营销专业四个专题"一张图",并在云南电网公司指导下固化至中台运营监控平台,开展营销业务可视化、穿透式监控。

⇨ **案例 3-8**

四个专题"一张图"支撑营销业务稳步提升

楚雄供电局聚焦客户服务、业扩报装、计量管理、抄核收业务建立四个专题"一张图"(图 3-21),实现全业务、全流程可视化管理,进一步提升营销基础业务质效。

"服务一张图"站在用户视角,对用户需求、处置进度进行监控,实时掌握区域用户需求情况,支撑服务策略精准制定。

对用户需求处置进度开展预警督办,按期解决用户用电问题,提高问题处置效率,进一步提升服务水平。

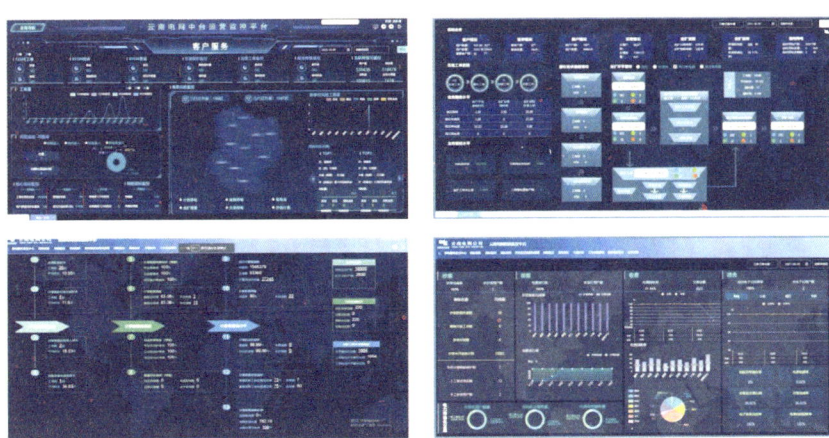

图 3-21　四个专题"一张图"

"业扩一张图"涵盖居民、非居民、高压单电源、双电源业扩业务,对业务受理、方案答复、工程建设、竣工验收、业扩归档全流程进行监控,节点信息实时更新,精准定位各环节异常,并穿透到异常业务工单,由结果导向型的监控模式转变为事中管理、节点控制。

"计量一张图"将计量管理细分为投运前、投运后、运行中三个阶段,以流程化的方式开展计量装置全过程管理。投运前重点监控验收及接火送电环节,确保计量装置不带病运行。投运后重点监控档案装置同步,抓实计量装置首次检验,将问题发现在前端,确保装置安全健康运行。运行中常态化监控装置运行工况,及时发现和快速解决故障。

"抄核收一张图"实时监控抄表进度,发现问题并高效解决,把牢电费管理第一道关卡,对核算过程中抄表异常及电价异常再次把关,进一步提升电费准确率。通过一张图流程化监控,进一步实现电量自动抄、电费自动算、账单自动推。

(三)打造电网建设监控平台

为实现生产、营销、基建工程项目管理进度、物资、财务、安全、质量等全链条精准监控,推动项目高效落地,楚雄供电局成立了地、县两级三年攻坚行动指挥部,搭建了电网建设监控平台。统一对所有工程项目开展全流程穿透管理,精准定位项目问题,监督解决问题,强化事前策划、事中监督,实现工程项目精益管控,项目全过程可控、在控、受控。

电网建设监控平台从项目监控和项目管理两个维度开展建设,运用大数据统计分析思维,充分挖掘信息系统数据价值,结合建设过程中实时收集的数据,对关键指标、业务环节开展穿透式分析监控。聚焦项目管理数据的时效性、真实性、全面性以及数据分析精准性,充分挖掘数据价值,让数据"活"起来、用起来,实现建设管理从电网规划、项目建设全过程、电网风险及问题解决情况等多维度的全业务过程监控。

第三节 打造坚强后台 铸造"无忧后方"

后台是企业内部常规性、基础性的功能型保障部门,主要应对未来长期目标,负责战略管理、创新管理、人才建设、品牌建设、制度建设等任务。楚雄供电局以"系统支持、全面保障"为宗旨,厚植体系建设人才根基、打造业财融合管理体系、筑牢物资供应保障体系、建强综合服务保障体系,为前中台提供支撑。

一、厚植体系建设人才根基

体系构建的过程也是干部员工成长的过程,楚雄供电局通过多种方式,引导员工建立起符合企业发展目标的个人愿景。创造外部条件,帮助员工提升个人能力。结合业务模式变化,及时优化组织架构,不断提升企业的核心竞争力和综合实力,助力企业高质量发展。

(一)提升员工技能

在提升员工技能方面,楚雄供电局深入贯彻落实云南电网公司"深化党建引领,着力打造一流安全生产队伍"的工作要求,以强化党组织建设为核心,加强政治思想引领,通过多种方式,持续提升员工技能水平,不断提升企业的核心竞争力和综合实力。通过党建引领和人才队伍建设相互融合、互相促进,形成良性循环。

楚雄供电局历来注重对员工的安全教育和廉洁教育。在安全教育方面,分层分级开展典型事故事件学习、违章案例分析等警示教育,组织安全宣讲、安全技能竞赛等安全文化活动,使得员工知安全风险、守安全底线,安全文化"入脑入心"。建强内训师队伍,持续完善专业培训课件,优化实操考核标准。以班组常训常练为主,将云南电网公司安全教育"十个规定动作"①作为安全教育培训重点,分层级开展安全教育和技能培训,形成令行禁止的优良作风和"肌肉记忆"。在廉洁教育方面,筑牢拒腐防变意识,分层分级常态开展廉洁风险教育,依托廉洁文化建设"一室一廊"项目,让廉洁文化上墙,随处可见,拍摄正能量的微电影、宣传片,拓宽廉洁文化传播载体,全面推进廉洁文化"五进"②。图3-22为班组开展安全教育培训。

图3-22　班组开展安全教育培训

注重员工激励管理,充分发挥各层级直线经理的职能,适当加大绩效工资占比,进一步调动员工积极性。构建工作任务量化机制,在技能类班组中探索推行"工分计酬"月度绩效评价模式,完善工作质量评价

---

① 十个规定动作:包括"两票"(凭票工作、凭票操作)、"三宝"[戴安全帽、穿工作服(鞋)、系安全带]、"四措"(停电、验电、接地、挂牌装遮栏)、"一交底"(现场交底)。
② 五进:廉洁文化进班子、进部门、进项目、进班组、进家庭。

机制及规则。班组员工主动认领工作任务的氛围日益浓厚，工作积极性不断提高。充分运用总经理奖励基金，进一步规范安全生产激励管理工作，突出"有效激励与精准问责"和"奖要奖到激励人心、罚要罚到心服口服"。

（二）强化组织保障

楚雄供电局深入贯彻云南电网公司关于"加强员工职业发展全生命周期管理"的工作要求。以新员工入职为起始，抓好新员工入职"第一个十年"培养黄金期，分阶段确定培养目标，有效整合资源，结合员工不同的职业发展路径，采取"普适+精准""必选+可选"等方式进行复合、多元和差异化培养，加快人才成长速度，推动人才可持续发展、人力资源保值增值（图3-23）。

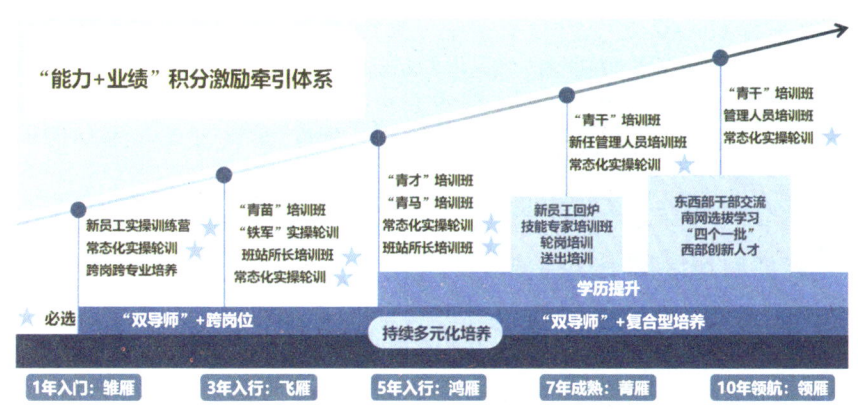

图3-23　新员工入职"第一个十年"培养工作框架

楚雄供电局注重个性化人才培养，持续畅通管理、技术、技能人才职业发展通道，为员工提供更多的发展机会和平台。针对有潜质的员工，按"专业赛道、潜力定层级、管理做拓展、实践出英雄"的思路,制定优秀年轻人才"一人一策"培养目标及路径。针对技术型、技能型人才,完善技术、技能专家选拔、评价、使用、考核、退出动态管理机制,给予技术专家、技能专家和管理型人才同等的身份标识。员工可结合自身实际自由选择职业发展方向和晋升通道,有力激发了员工活力,帮助员工成长成才。

开展班、站、所长队伍建设,给予员工成长舞台。以提升基层、基础、基本技能建设为目标,聚焦基层班、站、所长既精于技能又善于管理的复合型人才定位,在员工培养、正向激励、考核约束等方面形成一套"选、用、育、留、管"的长效机制,鼓励员工争当班、站、所长。同时以"四会"[1]班、站、所长为建设目标,培养员工岗位成才,构建员工与企业共同成长发展的良性循环。

建立内部人力资源市场,促进人员流动。全面整合现有的人力资源配置渠道,进一步打破地域、身份、待遇、岗位等制约员工流动的壁垒,搭建内部人才市场,营造市场化用人环境,激发员工流动活力,为员工争取更好的职业发展创造外部条件。

建立健全高层次人才精准培养机制。通过"专业部门明确目标并组织实施、人资部门提供方法工具和资源配置"的模式,实施"人才+项目""人才+团队""人才+载体"联动,实现"人才+业务"双轮驱动的人才精准培养机制。将专家的绩效考核与工作业绩挂钩,引入专家揭榜抢单业绩积分

---

[1] 四会:会干、会说、会写、会指挥。

考核机制，在跨部门、跨单位、跨专业领域集中专家力量解决急、难、险、重的问题，进一步履行专家职责，发挥带头作用。

聚焦培训资源建设，促进员工履职能力提升。统筹实训场所、内训师、课程课件等资源保障，夯实培训评价服务保障能力。按照"一局一基地、一县一场、一所一点"的思路，构建三级实训场所，为员工岗位练兵、岗位胜任能力提升提供资源保障，确保"练兵有场所"。按照专业、地域、层级等维度选聘内训师，统筹内训师、岗评师、考评员等培养使用，促进各类师资一体融合，确保"讲课有师资"。有序开发、持续迭代课程课件，做到与业务发展相匹配，确保"学习有教材"。

（三）实现自我超越

通过提升员工技能、强化组织保障，使得干部员工焕发出新的活力，各项工作取得优异成绩，成果丰硕，员工也得到了成长。近年来，楚雄供电局以数字化助力现代供电服务体系构建的工作得到上级和地方党委政府的肯定及业内同行的广泛认同，第三方客户满意度持续提升，多个党支部、班站所荣获上级"标杆党支部""先进基层党组织""五星级班站所"等称号。有的员工成长为技术技能专家，有的员工收获了职工技术创新、管理创新、专利、计算机软件著作权等成果，全局各专业领域呈现出"大众创新、百花齐放"的良好局面。

二、打造业财融合管理体系

楚雄供电局聚焦经营管理关键要素，以业财融合为切入点，优化全面预算管理模式，通过数字化赋能经营管理，充分发挥财务管理的经营策划、资源配置、深化改革、运营监控、风险防控及评价考核功能，积极实践、推动经营管理体系现代化，做到经营管理心中有数，经营管控心中有底。

（一）优化全面预算管理模式

围绕全员、全要素价值创造，以战略为起点，以发展规划、综合计划、业务计划为基础，以绩效评价为落脚点，持续完善横向协同、纵向贯通的全面预算管理模式，实现资产、资金、资本等核心资源统一管理和统筹调配，优化资源配置。

横向明确所有费用的业务归口部门，将所有费用类别横向分解，明确业务归口管理部门。业务归口管理部门制定费用预算的业务标准、费用定额，进行预算审查、报销审核、分析纠偏，管业务的同时管预算和资源分配，财务预算编制、调整、过程管控均基于业务计划、业务预算，形成业财齐抓共管的全员、全过程、全面预算管理模式。

纵向明晰地市级供电单位与县级供电单位预算管理职责，形成基层减负、高度集约、资源统筹的预算管控模式。将县级供电单位从"经营预算主体"调整为"预算执行主体"，重新界定地、县两级预算管理职责定位，充分发挥地市供电单位职能管理、资源统筹和后勤保障作用，让县级供电单位和基层集中精力做好安全生产、用户服务等工作。县级供电单位只对业务进行规划安排，负责提出需求、执行合同、进度管控、过程评价和结果验收环节等工作，地市级供电单位统筹签订项目合同，费用报销流程由两级双签缩减为地市级供电单位单签。

全年按时间轴分解业务、财务、资金预算，形成基于项目里程碑计划推动业务进度的预算进度控制模式，结合实际按月开展业务预算调整，由费用归口部门和财务部门双重审查认定。实事求是规划财务列账，以列账进度目标推动业务进度提前规划、项目里程碑计划落实，财务列账真实反映业务实施情况。

精准监控分析、精准考核评价，赋能全面预算管理闭环落地。将月度预算里程碑计划执行情况、月度资金计划完成情况纳入月度绩效考核评价，将年度预算完成情况纳入年度绩效考核评价，压实业务归口部门责任，提升预算执行准确性和成本列支均衡性，有效衔接云南电网公司规划发展目标，按"花钱必问效"原则对内部价值链上各成本支付环节的效益贡献进行分析，确保成本投入与核心业务指标相关联，支撑企业经营目标实现。

（二）构建一体化财务共享模式

集约化管理是现代企业提高效率与效益的基本取向。楚雄供电局积极探索财务共享实现财务数字化转型的有效路径，推进共享模式、流程和技术创新，从核算共享向多领域共享延伸，从账务集中处理中心向企业数据中心演进，不断提高共享效率、拓展共享边界，开展运营监测分析，加强预警纠偏和风险防控，保障经营稳中有进、稳中提质。

为强化财务管控管理，楚雄供电局加强对综合后勤、物资、合同等业务的穿透式管控，使县级供电单位人员把更多的精力集中在供电服务、电网建设和生产运维工作中，让基层松绑减负。优化费用报销流程，通过业务预算进行强管控，强化县级供电单位经办人和首签负责人责任。抓住数字化转型试点契机，开发多个业财融合数字化、智能化工具，更有力地实现远程管控业务真实性、准确性。地市局财务共享中心配置运营监控分析岗，强化经营管理过程管控，在"干、管、盯"机制中发挥好"盯"的作用，并向各部门、单位提供财务信息、预算分析、决策支持等服务，打通业财数据，提升经营管理质效。

三、筑牢物资供应保障体系

楚雄供电局全面承接云南电网公司在"十四五"规划中关于"为高质量发展提供可靠物资供应保障"的要求，打造"平时+战时"的物资供应保障体系。"平时"即日常的电网项目建设中，通过重点工程物资"一张表"，对项目从计划下达到需求报送直至出库的全过程信息进行穿透管理，实现物资全过程跟踪管控。"战时"即发生故障停电、突发情况停电时，搭建应急物资需求"三级匹配"机制，首先优先匹配本单位存量物资，其次匹配楚雄供电局现有库存，最后匹配周边地市局库存，确保应急资源可及时调配。同时探索更为精益的保障模式，构建"1个周转仓+3个过渡性分库+N个急救包"的现代物流模式，将原一级仓调整为周转仓，结合县（市）道路交通网络设置3个过渡性分库，打造N个用于储存基层班站所日常工作所需物资的急救包。采用数字化手段，开发智能无人值守急救包等工具，满足日常运维、紧急抢修基本需求。

案例 3-9

"小"改进"大"变化——智能无人值守急救包

楚雄供电局基于"1个平台+N个App+1套终端"开发智能无人值守急救包(图 3-24),围绕领料员、仓管员、管理者"三种人"的服务定位,实现自助领料、库存智能管理及运营监控。基于蓝牙通信技术的门禁控制,实现24小时服务移动端条码打印。开发仓储管理系统平台及移动App,对仓库现场库区、货位的标准化管理及物资的货位级进行管控,动态掌握仓储物资情况并自动统计分析,提醒仓库管理人员定期、不定期补仓。打造智能急救包运营监控平台,对全局智能急救包领料、补仓、移库、退库等运转及调控情况进行监控,实时掌握急救包业务量、物资使用量、补仓业务量,在线掌控全局急救包仓储运营信息及风险。

图 3-24　智能无人值守急救包

四、建强综合服务保障体系

围绕云南电网公司大力实施员工关爱工程的工作要求，楚雄供电局从医、食、住、行等方面，用心用情做好员工服务，不断解除员工后顾之忧，让员工以更加饱满的热情投入工作。2021年，提出了综合后勤业务专业化、规范化、穿透式监控思路，整合后勤、车辆、消防安保等资源，优化综合服务体系管理模式及职责界面，建立权责清单，明确到位标准，提高管理效率，节约管理成本。

为切实推进员工健康管理，持续改善员工健康状况，按照云南电网公司"关爱员工 生命至上 共享健康"专项行动统一要求，楚雄供电局试点开展"医电携手健康行"主题活动，邀请医疗专家开展"健康讲座+现场义诊"，与当地三甲医院开展"医电共建"活动，持续关爱员工健康。

楚雄供电局依托数字化转型工作，在云南电网系统内先行先试完成智慧后勤消费管理平台的建设，实现员工就餐统一管理。拓展应用面向用车员工、分管车辆负责人、车辆调度员、驾驶员的智能信息化用车管理系统，让申请用车简捷化，调度管理智能化，车辆管理精细化，日志管理数据化。

第四章 共促生态朋友圈建立

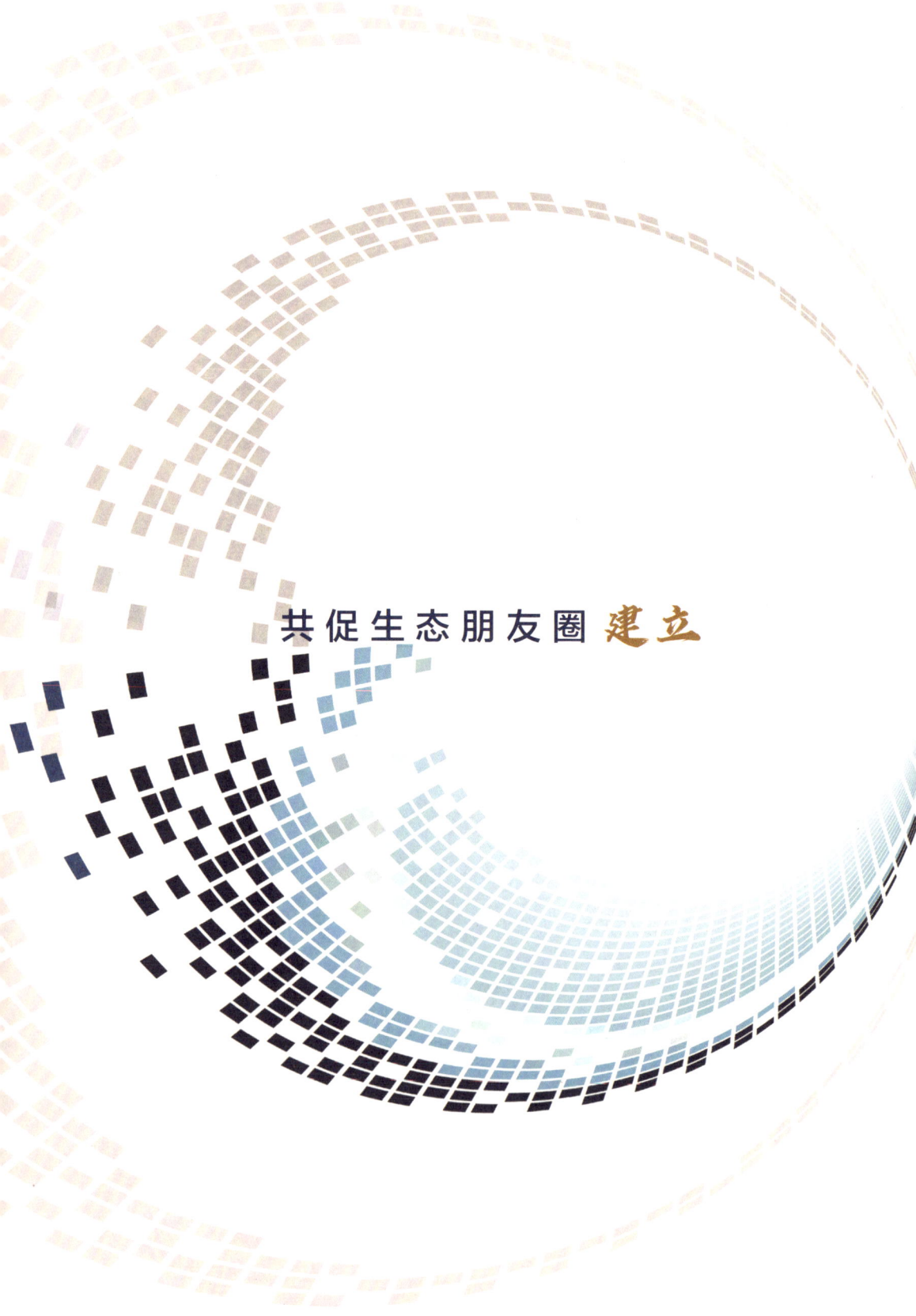

第四章　共促生态朋友圈建立

电力行业作为重要的基础性产业,事关地方经济社会发展和人民群众切身利益,与地方党委政府、企业息息相关。供电企业服务好地方经济社会发展既是政治使命,也是社会责任,坚持"人民电业为人民"的企业宗旨,不断提升供电保障能力和服务水平,通过实实在在的工作业绩,站稳人民立场,架起"连心桥"。楚雄供电局坚持"对云网负责、为地方服务",牢牢把握"融入和服务地方发展战略、维护人民群众切身利益"的共同目标,厚植人民情怀,凝聚"始于用户需求、终于用户满意和价值共创"的共识,积极争取各级党委政府及有关部门对供电企业的理解和支持,形成"政企联动、多方参与、合作共赢"的电力公共服务共建共治共享机制,实现电力与地方经济社会的稳定协调发展。

第一节　政企协同谋发展

面对可再生能源的普及和利用、分布式能源系统的发展、智能电网的建设等电力发展趋势,良好的政企协作关系显得越来越重要,其能帮助我们更好地服务地方经济社会发展,满足人民对美好生活的电力需要。

2019年8月,云南电网公司提出"两个离不开"。一方面,地方经济社会的高质量发展,离不开坚强可靠的电力支撑,需要电网企业保障电力供应助力产业稳增长,提升电力服务水平满足人民对美好生活的电力需要。另一方面,电网企业及电力行业的发展,离不开地方党委政府统筹电力规划、保障基础要素、完善电力保供机制,共同营造和谐稳定的发展环境。在"两个离不开"的引领下,楚雄供电局开展政企合作,与当地党委政府"站在一起、想在一起、干在一起",有力保障了地方经济社会发展。

一、"三个一起"深化政企合作探索

（一）厚植人民情怀,始终"站在一起"

作为电网企业,应具备开展电力服务、做好电力基础保障的本质特征。楚雄供电局以现代供电服务体系建设为契机,着力解决企业、老百姓用电难题,用心用情为地方高质量发展贡献力量。降低用电成本、提高用电质量、保障用电安全是我们持续关注和急需解决的问题。楚雄供电局通过电力体制改革和优化服务流程等多种途径积极提升服务质量,并积极引进国内外先进的供电技术和理念,不断提高自身的核心竞争力和综合实力。

楚雄供电局与政府和企业加强合作,建立了良好的沟通渠道和机制,及时了解并解决各领域的用电问题,提高用户的获得感和幸福感。楚雄供电局也得到了地方党委政府主要领导的一致认可,政府对楚雄供电局作出"有情怀、有责任、有担当,为地方高质量跨越式发展做出了重要贡献"的高度评价，政企始终"站在一起"。

（二）主动沟通汇报，始终"想在一起"

为了更好地服务地方经济社会发展，楚雄供电局建立各层级向地方党委政府常态化沟通汇报机制，制定《关于进一步加强沟通汇报工作的通知》，定期编制服务地方经济社会发展的电力工作专报，主动向政府汇报近期工作开展情况。通过定期与政府沟通汇报，电网企业与地方政府之间的了解更加深入，政企协同共同施力，解决民生领域的用电问题。

在服务"双碳"、电力保供、守牢电力供应安全底线等方面，楚雄供电局积极深化地方党委政府提出的"大力发展新能源产业、再造'一张楚雄网'、为地方高质量跨越式发展提供优质、安全、可靠、高效、绿色的电力保障"理念，与地方政府达成了系列共识，将电力安全隐患及新能源建设等问题整治纳入政府督办，齐心协力解决突出问题，政企合作实现"想在一起"。

（三）签订合作协议，始终"干在一起"

在云南电网公司与楚雄州政府签订合作框架协议的基础上，楚雄供电局与州内各县（市）政府、消防部门、气象部门等多方签订了合作框架协议，逐步构建起了"政企联动、专班管控、健全机制、合作共赢"的政企合作新模式。进一步加强了政府与企业之间的合作与沟通，共同应对供需形势变化、保障能源安全等重大挑战，在提高供电服务质量、优化供电结构、保障供电安全等方面起到了重要推动作用，实现了"干在一起"。

二、"四个变化"彰显政企合作优势

（一）电力保供格局发生变化

面对严峻的电力供需形势，楚雄供电局以当面、书面等方式多次向州、县（市）两级党委政府沟通汇报，达成"提升电源供给、管控用电需求、建立完善机制"的一致共识，形成以政企联动、挖潜保供、用能管理、优质服务为主线的长效机制，保障了楚雄州的电力供应平稳有序。

（二）联合治网格局发生变化

楚雄供电局多次沟通汇报，政企达成"保电力供应，更要保电网安全稳定运行""齐抓共管，完善协调机制，加强基层队伍安全建设，确保电网安全运行"等系列共识。楚雄供电局通过正式行文、专题汇报等方式向政府报备电网年度风险，由楚雄州发展和改革委员会牵头成立电网风险管控专班，成员包含楚雄供电局、各县（市）发展和改革局及多家大用户，按季度召开专题会议，共同协调解决电网风险管控问题。楚雄州发展和改革委员会印发《楚雄州电力安全隐患专项整治三年行动方案》，首次将电网风险及隐患治理工作纳入楚雄州安全生产专项整治三年行动计划进行挂牌督办，电力联合行政执法、"电力+消防"等机制实现政企联合治网。楚雄供电局是云南电网公司系统内首家与林草部门共同使用"天眼"系统的单位，协同开展山火监测、防火隔离带建设，有效遏制了因山火导致的线路跳闸事件发生；同时联合楚雄州消防救援支队共建电力、消防信息速报员队伍，打通应急处置的"最后一公里"。

> 案例 4-1

创新政企联合治网模式

电网企业、政府机关、社会组织等各方共同参与联合治网，进一步加强电网的安全管理和风险防范，确保电力供应稳定可靠，促进经济发展和社会稳定。

"电力+消防"合作。楚雄供电局与楚雄州消防救援支队在应急演练、联动抗灾、电力保障等领域开展长期合作，全面构建联防共治的工作局面（图4-1）。组建"电力+消防"速报员队伍，实现灾情速报全覆盖，破除了灾情信息报送"真空"、迟缓难题。开展"护航农村、电力守护"专项整治行动，电气火灾隐患大幅减少。联合开展高层建筑火灾逃生救援、大面积停电及"山难"应急救援大型实战演练，提升了避险逃生及自救互救能力。邀请楚雄州消防救援支队专家对楚雄供电局应急特勤队员进行全科目应急技能实操培训考核，助力楚雄供电局获评云南电网公司标杆应急特勤队。

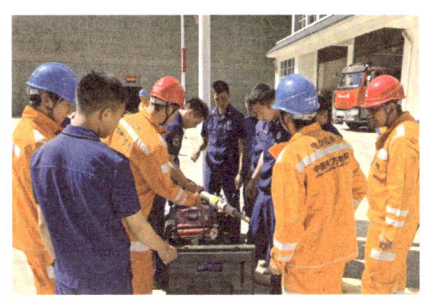

图4-1 与消防救援支队联合开展应急技能培训

"电力+气象"合作。楚雄供电局与楚雄州气象局建立常态化信息服务、反馈工作机制及信息共享平台，不断提升电网气象防灾减灾能力。楚雄州气象局及时向楚雄供电局传递实时监测、预报预警信息，楚雄供电局根据预警信息，及时调整系统运行方式，启动相关应急预案，加强设备巡查维护（图4-2）。联合开展灾害性天气影响评估，实施输变电设施预报递进式服务，研究气象灾害应对方案，共同开展应急演练。定期召开科研技术及服务联席会，开展电网气象监测网试点建设，围绕新能源气象保障，建立新能源发电与气象条件保障调度系统，建成集数据监测、气象预报预警、气象影响评估、电力调度建议等为一体的电网气象综合业务服务智能化平台。

图4-2　与气象部门联动在特殊天气加强设备巡查

依靠社会多元主体共同治理，有效地整合各方资源和智慧，防范化解电网风险问题，保障社会生产和民生用电，产生电网治理的协同效应，推动电网系统在数字化时代更加安全、可靠、智能地发展。

（三）电网建设环境发生变化

楚雄供电局抢抓新能源建设的机遇，积极向地方党委政府汇报新能源及配套电网项目规划建设存在问题，政企双方多次开展会商，达成"加强多方协调配合，统一规划、统一审批、统一管理，推动'源网荷储'① 规划衔接"等系列共识。

配合政府部门编制、出台支持地方电网规划建设的规范性制度文件。从规划引领、高效审批、建设施工、安全保供等方面形成支持政策，采取州、县（市）两级"联合会审、同步查验"等措施提升项目审批协调效能，形成电网建设合力，多个光伏项目按期投产。

2022年12月，云南电网公司与楚雄州政府签订了《加快楚雄州"源网荷储"建设和经济社会高质量发展合作协议》，将合作共赢推向了新高度。同时云南电网公司与楚雄州达成打造全省新能源发展、"源网荷储"协同发展、省级新型电力系统示范区"三个标杆"共识，楚雄供电局同步成立"三个标杆"建设领导小组和工作专班，制定"三个标杆"建设工作方案和重点计划，持续推进保障电网建设发展的政策措施在各县（市）及乡镇有效落地执行。

---

① 源网荷储：以"电源、电网、负荷、储能"为整体规划的新型电力运行模式，可以精准控制社会电力系统中的用电负荷和储能资源，有效解决电力系统因新能源发电量占比提高而造成的系统波动，提高新能源发电量消纳能力，提高电网安全运行水平。

（四）用电营商环境发生变化

充分发挥电力要素保障作用，以现代供电服务体系着力解决企业、老百姓用电难题。探索新型服务模式，成立大用户用电服务专班，为硅、钛等产业多个省级和州级重点项目扩产用电提供服务保障。推出多种"基础+"服务，针对不同的用电需求提供个性化、多元化服务，为用户带来优质、便捷的用电体验。

第二节　企企合作促共创

电网企业作为衔接电力能源产业链上下游、发供用各环节的枢纽平台，紧扣能源电力产业价值链、输配电业务链，发挥管制类业务属地优势、资源优势，协同新兴业务企业聚焦价值创造，整合资源、加强合作，优化布局投资。在电网建设、电力服务、新能源产业上用劲发力，在对供给侧与需求侧、技术与市场的整合中着力提高价值创造力，推动向产业价值链整合商转型发展。

推动能源产业的可持续发展，致力于实现清洁能源的全面应用和能源供应链的优化。抓住楚雄州作为云南省光伏发展重要核心基地的契机，主动服务好集中式、分布式光伏发电站建设及配套送出工程项目，推进能源资源的多元化和绿色化。图4-3为服务光伏电站接入场景。

第四章　共促生态朋友圈建立

图 4-3　服务光伏电站接入场景

全力支持楚雄州打好"绿色能源牌",促进新能源汽车产业发展。"管制+新兴"机制协同,在楚雄州各县(市)城区、乡镇、旅游景区等布局充电服务网络,构建"充上电、充好电"的基础保障服务生态,不断完善充电服务网络。目前充电桩已遍布全州,为广大新能源汽车低碳绿色出行提供了可靠的"南网电",使充电服务惠及众多车主和车企,努力推动形成"合作、共享、共赢"的电动汽车优质服务生态。为用户提供电动车充电服务如图 4-4 所示。

依托"南网在线"智慧营业厅,为生态伙伴提供开放、平等的渠道资源,营造富有生机活力的生态环境。整合服务能力和数据资源,构建专业化与属地化相融合的综合能源服务体系,有力推动传统供电服务向专业化、多元化和价值链高端方向延伸,多元化服务新业态初现雏形。

在"南网在线"智慧营业厅入驻多家企业伙伴,为用户提供涵盖用电用能、保险保障等多领域的服务，打造"用电用能＋金融＋保险"综合能源服务生态系统，为用户提供多元化服务。

图 4-4　为用户提供电动车充电服务

第三节　群企联动创和谐

一、联动大用户，共促经济发展

工业是一个地方经济发展的核心和基石，为持续优化用电营商环境，服务地方经济社会发展，楚雄供电局成立大用户用电服务专班，为地方政府重点招商引资的项目提供用电服务。专班成员深入洞察用户用电需求，识别用电过程中的服务风险，实时动态掌握项目用电需求。规划、基建、生产、系统运行等专业技术人员在大用户用电过程中提供强大的专业技术支持,"一站式"解决大用户用电问题。

二、联动物业管理,共享美好生活

住宅小区作为城区供电辖区内人口密度高、结构相对复杂的用电区域,素有用电负荷集中、流动性大的特点,是城区内居民日常生活的重点用电区域。楚雄供电局在原有供电服务的基础上,加强与小区物业之间深层次的合作,推出"电力+物业"联动服务,积极推广建立"电物联络服务站"。建立网格经理、物业、居民用户三方互动的"微信朋友圈",让用户及时获取停电信息、用电问题得到解决。物业定期巡视小区设备、实施上门精准服务、及时发现问题并传递至网格经理等,让小区业主足不出户就能解决用电疑难问题。网格经理定期在微信群中分享用电常识、电价政策、安全知识、节电方式等内容,消除用户用电安全盲区,开启"电力+物业"为民服务新局面。

→ 案例 4-2

"电力+物业"联合服务用户

楚雄南华供电局创新"电力+物业"联合服务新模式,与各物业管理公司形成业务联动,共同做好居民住宅小区内的供电服务工作,为用户提供可靠、便捷、高效、智慧的供电服务,形成更和谐的能源服务生态圈。

建立了各居民住宅小区的微信群，搭建用电需求反映渠道，小区居民遇到用电故障情况及时在群里反馈，物业管理公司工作人员及网格经理第一时间知悉用户的故障信息。物业管理公司先初步判断和解决一部分因用户室内线路引起的故障，或开关跳闸等故障，及时联系网格经理，传递初步排查情况信息，极大地缩短了问题处置时间。

在小区内电表箱等位置粘贴供电所片区网格经理公示卡，并请物业管理公司积极宣传网格经理联系方式、帮助用户知晓并绑定"南网在线"App，通力协作拓宽线下需求反映渠道和互联网业务渠道，用户逐渐形成"有事找网格经理"的用电习惯。打通"用户—物业公司—供电所"的用户服务链条，积极发挥物业管理公司知悉一手信息的优势作用，让网格经理熟悉"我的电力用户"，让电力用户信赖网格经理，从而为小区居民提供更好的服务和居住环境。

三、联动社会网格，共助乡村振兴

楚雄供电局以更加贴近用户和快速响应需求为目标，主动将供电服务融入政府网格化治理，推行"社网、村网"共建、共治、共赢的网格化服务模式，与群众零距离接触，与村社服务融为一体，为用户提供便捷办电服务，用坚强可靠的电力保障推动农业产业、乡村特色产业发展。

"社网共建"推动供电服务零距离，把"社网共建"作为丰富服务手段、创新服务模式、提高服务水平的一项重要举措。通过推进社区网格、电力网格"双网合一",将双方网格经理共同纳入"社网共建"服务体系,实现网格共享、问题互报、服务联动,以共建聚合力,贴心服务让群众用电更加放心、安心、省心。

"村网共治"开启群防群治新模式,根据地域特点,以用户需求为导向,在延伸农村地区供电服务深度、广度上下功夫,充分发挥"群防群治"优势。开展安全用电宣传(图4-5),鼓励用户及时向网格经理提供电网设备故障信息,提升电网设备运行水平。

图4-5 网格经理向用户宣传安全用电知识

案例4-3

"1＋N＋X"服务模式高效解决用户问题

楚雄武定供电局结合自身实际情况,以解决用户服务痛点、难点问题为着力点，以社区为基本单元，与村社共同构建"1 + N + X"服务模式，即"1个网格经理 + N个群众 + X种服务举措"，推出用电需求"随时问"、用电隐患"随手拍"，推进供电网格与村社网格深度融合。

网格经理充分运用微信服务群，定期在群内发送停复电、安全用电等信息，向用户普及安全用电小贴士。引导群众随手将发现的用电隐患及时发送到微信群里，使网格经理能第一时间到现场检查、消除隐患，全力保障用户用电安全。开展联合活动，通过发放安全用电宣传手册、现场讲解等方式，向用户广泛宣传安全用电和节约用电知识，提升群众安全用电意识，共同营造良好用电环境。

第五章 评价反馈促持续改进

第五章 评价反馈促持续改进

常青之道，贵在自胜。只有不断进行自我完善，企业才能永葆生机活力。楚雄供电局从用户价值、组织能力、生态伙伴三个方面，构建现代供电服务体系的评价反馈体系，把用户作为评价的最高裁决者和最终评判者。从用户用电用能体验出发，拉动组织能力评价和生态伙伴评价，精准发现问题根本症结，找出业务、服务与用户需求间的差距，指导服务优化与业务流程改进，实现组织能力和生态伙伴体系的动态完善，使得用户的需求得到更高层次的满足，最终促进全社会价值的螺旋式提升。

第一节 用户价值评价定向

用电用能需求有没有得到满足，用户最有发言权。用户价值评价是现代供电服务评价反馈体系的逻辑起点，楚雄供电局以满足用户用电需求为目标，将用电营商环境、第三方客户满意度、"基础+"服务模式等纳入用户价值评价,从用户视角衡量供电服务"好不好"。

一、基础服务评价

楚雄供电局依托第三方机构平台,从缩短办电时间、提升办电便利度、缩减办电成本、提升供电可靠性等方面对供电企业提供的基础服务开展评价,实时掌握用户体验及评价,达到用户满意的目标。

(一)用电营商环境评价

"获得电力"指标关系到人民群众用电获得感,也关系到用电营商环境的质量。楚雄供电局围绕国家"获得电力"评价标准,细化过程管控指标,从办电时长、办电流程、办电成本、供电可靠性和电费透明度等维度进行监控,及时发现问题并纠偏。

(二)第三方客户满意度评价

楚雄供电局将用户用电问题视为提升企业管理水平的机会,把用户满意作为最终目标,获取用户评价及建议,了解服务现状、定位服务短板、查找服务差距、完善服务策略,有效支撑服务质量提升。

第三方客户满意度测评是最典型、最直接的用户满意度评价方式,由第三方机构开展用户意见、建议收集。测评覆盖工、农、商、居民用电用户,从停电处理、电压质量、供电安全、用电办理、抄表收费和服务渠道六个方面开展测评。

在2021、2022年度第三方客户满意度测评中,楚雄供电局在云南电网公司系统内连续排名第一,服务能力创新高。

二、"基础+"服务评价

"基础+"服务评价聚焦服务体验,从"服务是否满足用户需求,服务商的服务质效是否满意"等方面开展评价,通过评价得出"基础+"服务与用户需求间的期望差,深入分析原因并进行改善优化,更好地满足用户多元化、个性化需求。

用户结合"基础+"服务体验开展评价,采用星级评价模式,不同的星级对应不同的满意度等级。依托评价深入分析并补全"基础+"服务短板,不断提高服务与市场导向、用户需求的适配度,为用户提供更优、更全的服务。此外,楚雄供电局主动与用户联系,通过访谈、问卷调查等方式收集用户体验评价,进一步改进"基础+"服务模式。对于评价结果较弱的"基础+"服务及服务商,实体化中台进一步核实、确认,分析差评原因并反馈整改,有效提升"基础+"服务质量。

第二节 组织能力评价立本

组织能力评价是从企业视角审视组织架构调整、业务流程重塑成效。通过前中台运营评价,驱动各专业、各层级由传统的"专业管理"向"用户需求管理"转变。建立包含 KPI[1] 结果评价、OKR[2] 过程评价的

---

[1] KPI:Key Performance Indicator,关键绩效指标,是通过对组织内部流程的输入端、输出端的关键参数进行设置、取样、计算、分析,衡量流程绩效的一种目标式量化管理指标。

[2] OKR:Objectives and Key Results,目标与关键成果法,是一套明确和跟踪目标及其完成情况的管理工具和方法。

指标体系，实现业务评价由"结果导向"向"过程管控"转变，从组织能力方面审视体系运转"顺不顺"。

一、运营评价

楚雄供电局以运营结果为导向，通过评价后开展持续纠偏，采用定性与定量相结合的方式，对前台需求管理及中台问题处置情况进行评价，及时发现并补全短板，不断提升用户服务水平。

（一）前台运营评价

楚雄供电局从"前台运营情况及网格履职情况"两个维度开展评价，激发员工为用户创造价值的意愿，为用户提供更优质、舒心、满意的供电服务。

前台运营评价聚焦于用户需求收集及管理，主要围绕线下渠道收集问题数量、线上诉求数量、线下需求占比、诉求"体外循环"占比、诉求升级占比等维度开展评价，以月为评价周期，通过鼓励前台充分洞察用户需求、高效处置用户问题、规范需求管理，不让任何一个用户需求遗失，为实现用户价值提供坚强保障。

为支撑前台运营，进一步细化评价颗粒度，每周对各县级供电单位网格经理开展履职评价，便于直观掌握网格履职情况，及时补齐服务短板。为激发网格经理主动服务意识，建立网格经理"红黑榜"及"小红花"评价机制。将评价分数排名前十、后十的网格经理分别定义为"红榜"（图5-1）、"黑榜"网格经理，按周进行公布，通过"红黑榜"为网格经理"树标杆、划底线、明方向",营造"比学赶超"的服务氛围。对红榜网格经理奖励"小红花",按年累计,作为年度表彰评选依据,通过可视化渲染、立体化传播、故事化引导,推动全局牢固树立"始于用户需求、终于用户满意和价值共创"的共识。

图 5-1 网格经理"红榜"

(二)中台运营评价

中台运营评价的重点聚焦于协同机制运转顺不顺畅,楚雄供电局从"中台运营、协同问题处置关键节点、专业评价"三个维度开展中台运营评价,通过指标评价审视用户问题解决效率及专业协同效率,评价结果按月输出,将普遍性及典型性问题输出到各个专业部门,及时发现问题并修正。

对各县级中台日常运营情况开展评价,从"中台实体化运营、问题提级处理、协同问题措施反馈、总经理热线运转、'问题库'工单自主发起"等维度进行评价。采用"插旗"方式,对运转良好的单位给予"小红旗",运营正常的单位给予"小绿旗",有待提升的单位给予"小黄旗",直观掌握各县级中台日常运营情况（图 5-2）。

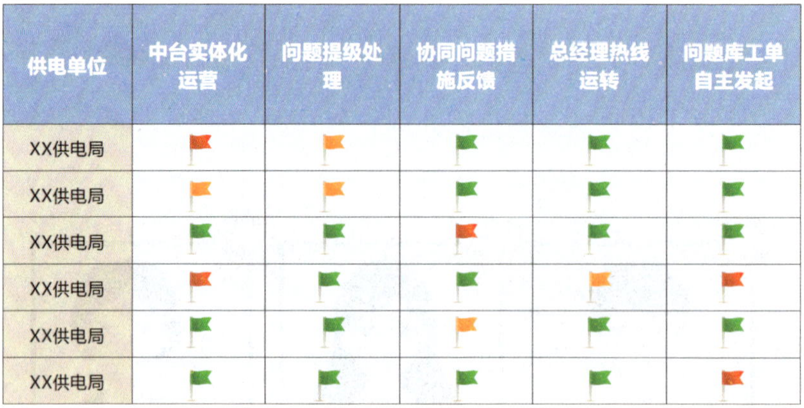

供电单位	中台实体化运营	问题提级处理	协同问题措施反馈	总经理热线运转	问题库工单自主发起
XX供电局	🚩红	🚩橙	🚩绿	🚩绿	🚩绿
XX供电局	🚩橙	🚩橙	🚩绿	🚩绿	🚩绿
XX供电局	🚩绿	🚩绿	🚩绿	🚩红	🚩绿
XX供电局	🚩红	🚩绿	🚩绿	🚩橙	🚩红
XX供电局	🚩绿	🚩绿	🚩橙	🚩绿	🚩绿
XX供电局	🚩绿	🚩绿	🚩绿	🚩绿	🚩红

图 5-2 中台日常运营监控评价

对协同问题处置关键节点的评价，主要结合"问题库"开展，从"措施制定、问题解决、进度反馈、双验证、销号"等方面进行评价，让问题处置全流程可控、在控，进一步支撑问题高效解决。

专业评价是各专业对中台运营支撑情况进行评价，评价规则根据本专业业务线条制定，以专业视角审视本专业履职情况，进一步促进专业业务与中台业务交汇。

二、业务评价

以云南电网公司关键业务绩效指标管理为导向，楚雄供电局建立基于结果管理的 KPI 绩效管理评价和基于过程管控的 OKR 评价，通过"KPI+OKR"实现过程管理与绩效结果并重，树立以实干实绩"论英雄"的鲜明导向。

（一）KPI 结果评价

KPI 即关键绩效指标，把企业的战略目标分解为可操作的工作目标，反映企业整体的组织效能和各单位的履职情况。楚雄供电局以目标、问题、结果为导向，整合组织绩效、综合计划等多个指标和重点任务。建立经营业绩考核 KPI 指标，对工作的质量、成效开展科学的评价考核，引导各专业、各层级集中精力"做正确的事、正确地做事、人人都在做事"。

量身定制"点线纵横"考核体系。"点"是把各单位、部门分为专业管理类、监督保障类、基层所队、县级供电单位四类进行考核，把相同或相近类型放在同一平台，用同一尺度进行比较，提升评价考核实效。"线"是遵循"考少、考精、考重点"的原则，精简列入考核的内容，各有侧重制定不同类别的考核线，有效防止任务空转、成效不明等问题发生。"纵"是突出考核中的指标完成情况和指标改善幅度，根据指标完成较去年为保持或进步的情况进行加分，让"小部门、小单位"也能进入考核前列。"横"是突出考核指标贡献程度，将指标完成情况在各地市供电单位之间进行横向对比分析，直观掌控本单位指标在全省排名情况。

建立一套包含综合、专业、班组、个人等指标和任务的管理看板。楚雄供电局围绕经营业绩考核涉及的关键指标、重点任务等建立综合看板，简明直观呈现经营业绩考核总体态势。归口管理部门围绕本专业指标、任务建立专业看板，直观呈现专业重要指标、重点任务推进情况。围绕考核内容等建立班组看板，动态实时掌握各项指标、任务完成情况。

单位、部门、班组把考核指标、任务层层分解至责任人,建立一人一看板,突出目标导向。

建立"赛马制红黑榜"管理机制。按月对指标、任务完成情况进行跟踪管控、专题分析、评价总结,采取楼宇大屏、书面预警单等方式展示"成绩单",形成万马奔腾的"赛马制红黑榜"管理氛围。

通过精准设置 KPI 指标和任务,提升考核的"精、准、实"程度,使基层工作更加聚焦、目标更加统一、重点更加突出,拉动各部门、单位全力以赴完成考核目标任务,助力楚雄供电局组织绩效在云南电网公司中保持前列并持续向好。

(二)OKR 过程评价

OKR 是一套明确目标及跟踪其完成情况的管理工具,它有两个典型特征:一是在精不在多,主要目的是明确工作重心;二是目标全面公开、透明,形成"上下同欲"的局面。

OKR 和 KPI 最大的不同在于 OKR 目标源于底层,是一个自下而上的过程,主要体现过程管控及战略管控,而 KPI 是用来解码企业战略的,是一个自上而下的过程,体现企业最终目标。

楚雄供电局深刻认识到"只有管住过程才能得到好的结果"。通过 OKR 工具对 KPI 指标进一步细化,明确目标以及每个目标达成的可衡量关键结果,使各层级人员清晰了解工作目标及任务,便于管理人员及时掌握生产经营情况,实现绩效由"结果"管理向"过程"管控转变。

采用"红黄绿"颜色分类来标识目标和关键结果的完成情况,红色表示完成情况不佳，需要立即采取行动；黄色表示完成情况尚可，但存在一些问题；绿色则表示任务已完成。根据"红黄绿"标识及时发现问题并采取必要的措施，确保目标在时限内达成。按周开展OKR评价，对县级供电单位进行综合排名，针对进展缓慢或方向偏移的单位及时调整计划和目标，确保始终保持在正确的轨道上，最终达成企业目标。针对某项指标排名靠后、指标连续多周标红等情况的单位，制定提升目标及相关措施，安排专人负责跟踪，确保月度指标顺利完成。助力各县级供电单位找准短板和攻坚方向，系统性提升工作质量。图5-3为OKR得分排名情况表。

序号	指数分类	综合得分权重	目标值	指标得分					指标排名				
				1局	2局	3局	4局	5局	1局	2局	3局	4局	5局
1	A	20%	90分	75.25	85.25	86.75	85.00	72.50	4	2	1	3	5
2	B	20%	90分	97.75	93.25	91.00	79.75	86.50	1	2	3	5	4
3	C	15%	90分	81.50	90.00	95.50	87.50	88.00	5	2	1	4	3
4	D	25%	90分	77.00	76.25	82.75	83.50	77.25	4	5	2	1	3
5	E	20%	93分	86.00	89.75	92.00	90.75	86.50	5	3	1	2	4
周指数得分及排名情况				81.70	86.51	88.39	85.25	83.60	5	2	1	3	4

图5-3 OKR得分排名情况表

楚雄供电局根据实际情况对指标权重[①]进行动态调整，越重要的任务权重越高。充分发挥指标导向作用，引导管理策略及工作重心调整。

建立OKR监控系统，横跨多个业务系统自主采集基础数据，实现指标实时自动采集、自动计算、自动排名、自动预警。将指标以图表、

---

① 指标权重：根据目标的重要性和关键结果对目标贡献度来设定的比例。

数据面板等形式进行布局展示,助力各层级及时监控工作任务及指标完成情况,及时制定有针对性的管理和运营策略,实现指标可视化管理。设置可实时动态调整的指标及权重,引导各单位及时调整工作重点及工作策略,实现指标的动态管控。增加数据下沉钻取功能,支撑各级人员开展数据分析,识别业务流程中的问题,实现穿透式监控。增加指标自动报警功能,在指标达到设定的阈值时自动触发"红黄绿"警报并推送至责任人,通过自动预警,快速识别和解决潜在的异常,并采取适当的行动进行指标纠偏,为达成目标"保驾护航"。

第三节 生态伙伴评价筑链

生态伙伴评价是从生态伙伴视角审视生态朋友圈凝聚力,从政企协作、企企合作、服务商履职等维度开展评价,从生态伙伴视角审视生态圈"健不健康"。

为用户创造价值是生态伙伴的共同追求,生态伙伴在创造用户价值的过程中也实现自我价值。通过评价反馈,挖掘在实现用户价值共创过程中各环节的问题症结,助力生态伙伴提升经营管理能力,推动生态圈良性发展。

在政企合作方面,楚雄供电局主动融入到地方政府发展规划工作中,为经济社会发展提供更稳定可靠的能源供应。一方面,主动与政府部门进行沟通汇报，获取政府在供电可靠性、安全性、电网建设等方面的意见及期望，助力各项政策的制定和落地。另一方面，建立良好的沟通渠道，向政府部门汇报工作进展和成果，同时接受政府部门的指导和建议，积极解决存在的问题，打通堵点，进一步深化电力保供格局、联合治网格局、电网建设环境、用电营商环境四个方面的成效。

在企企协作方面，楚雄供电局积极获取企业用户对电网企业的评价及建议，进一步了解其需求，发现服务短板，充分发挥各领域的优势，协力为用户提供更优质的服务。通过会议、座谈等形式，听取企业用户对我们服务的评价和建议，同时相互学习先进服务经验，进一步提升服务能力。建立定期沟通机制，交流协同工作进展和成果。通过现场调研和问卷调查等方式，深入了解企业用户对供电质量、服务水平、响应速度等方面的评价，不断改进、提升供电服务质量。

在服务商评价方面，楚雄供电局从源头把控服务商资质与能力，确保其具备必要的专业技能和合规资质。开展全生命周期评价管理，保证在服务过程中符合要求和标准，全力为用户提供优质、可靠的服务。

第四节　持续改进提质增效

评价反馈体系的核心在于动态持续改进，以用户视角发现问题，推动用户价值体系、组织能力体系、生态伙伴体系不断优化完善，更好地满足用户变化、发展中的用电用能需求。通过不断地持续改进,实现"满足用户需求—用户体验评价—差距原因分析—制定落实改进措施—提升服务能力—满足用户新的需求"的良性循环(图5-4),最终促进企业管理和服务水平螺旋式提升。

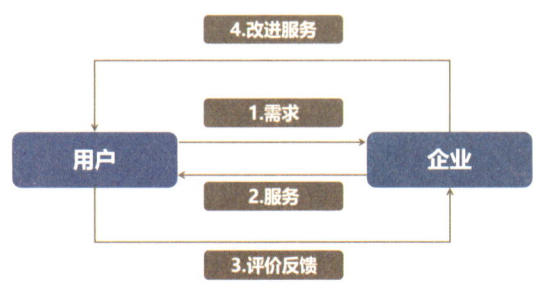

图5-4　价值共创闭环

评价反馈体系是一个动态的系统,运用PDCA管理工具,加深供电企业对用户、政府及其他合作伙伴的了解,找准供电服务与用户需求间的差距,促进供电企业改进服务,朝着用户需要的方向持续发展,不断满足用户需求。

第六章
数字赋能强支撑

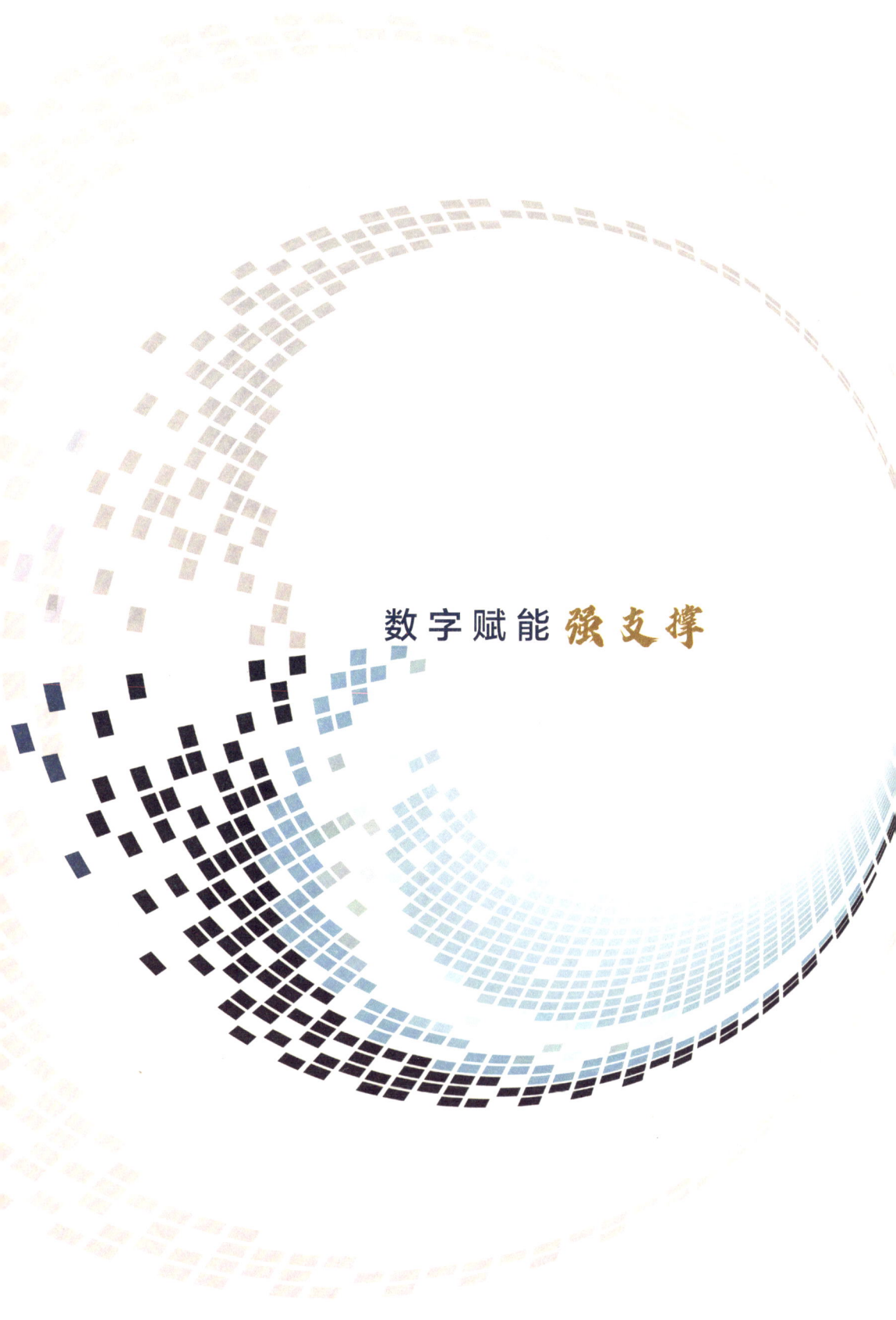
数字赋能 强支撑

第六章 数字赋能强支撑

"党的二十大报告指出,要加快建设网络强国、数字中国。习近平总书记深刻指出,加快数字中国建设,就是要适应我国发展新的历史方位,全面贯彻新发展理念,以信息化培育新动能,用新动能推动新发展,以新发展创造新辉煌。"《中华人民共和国国民经济和社会发展第十四个五年规划和2035年远景目标纲要》作出"营造良好数字生态"的重要部署,明确了数字生态建设的目标要求、主攻方向、重点任务。着力营造开放、健康、安全的数字生态,是"十四五"时期加快建设网络强国和数字中国、推动经济社会高质量发展的重要战略任务。

南方电网公司在《公司发展战略纲要(2021年版)》中将"智能电网"运营商的定位调整为"数字电网"运营商,在战略途径、竞争策略、战略举措中分别包含了"数字化"路径、"数智驱动策略"以及"数字赋能"等举措。通过数字化促进业务及管理全方位、全角度、全链条的变革,全面提升核心竞争力,赋能高质量发展,逐步实现数字化从"跟跑者""同行者"向"领跑者"转变。

云南电网公司高度重视数字化转型工作,成立了网络安全和数字南网建设领导小组，印发了特色数字化转型工作总体推动方案，明确业务数字化、协同场景化、数字业务化的数字化转型"三步走"思路，全领域、全专业、全方位、全视角推进公司数字化转型升级，着力把数据资产转化为企业竞争优势，走出一条具有云南电网特色的数字化转型之路。

楚雄供电局作为云南电网公司数字化转型"试验田"，以现代供电服务体系建设为切入点，以数字化赋能为支撑，突出用户主体地位。通过数字化工具深入运用，前台深入洞察、收集和响应用户需求，中台对前台收集的问题进行分析、跟踪、验证闭环，后台进一步优化资源配置，支撑"前中"台高效协作，推动供电服务"大循环"有效运转。打造各专业"驾驶舱"，实现业务可视化、穿透式管理，建立各专业"始于任务、终于目标"的管理"小循环"，支撑现代供电服务体系螺旋式提升。

在云南电网公司的统一部署下，楚雄供电局勇当数字化转型"急先锋"，通过数字化赋能确保可靠稳定、数据贯通、信息可视、使用便捷、智能辅助，实现"让数据跑路、让机器操作、让用户受益、让企业增效"，真正跑出数字化转型的"加速度"。

第一节　把握数字化转型关键

数字化转型在电网企业中由来已久，并在营销、生产、经营、人资多领域广泛应用，仅从用户服务渠道而言，目前已有多种数字化办电渠道。楚雄供电局结合数字化探索实践情况，抓住数字化转型"试验田"机遇，按"三步走"思路，开启楚雄特色数字化转型之路。

一、抢抓机遇，先行先试

数字时代，无论是行业边界、企业的价值主张、变革创新速度，还是消费者的话语权，都有了翻天覆地的变化。企业要在数字时代保持快速增长，必须顺应趋势，充分利用数字化转型加速管理和业务变革，获得增长动力。对于传统企业来说，数字化转型带来的技术与业务的深入融合，将贯穿到整个业务领域，甚至会重塑业务架构模型。但由于传统企业组织机制厚重、业务流程固化、生产模式稳定等基本特征，使其与互联网企业等原生数字化企业在转型与发展方面存在着较大差异。

楚雄供电局按照"尽可能确保试点一次成功，且能快速验证"的总体思路，选择先从数字化比较显性、效果直接和可衡量的市场营销部、计划与财务部、供电服务中心、生产运营监控及配网管理中心等部门入手开展试点工作。经过从点到面的数字化转型及不断的复盘，整个组织对数字化的理解越来越深入，对企业数字化转型未来的方向有了共识，形成了一些可以推广应用的经验。按照"从'珍珠'[1]到'珍珠项链'[2]"的思路，楚雄供电局党委高位推动，明确一名领导班子成员作为数字化

---

[1] "珍珠"：为满足各专业管理及业务需求而开发的数字化工具、专业管理系统。
[2] "珍珠项链"：将各专业数字化工具、专业管理系统进行整合，按照业务流程，形成企业级数字化管理系统。

转型领导小组组长，鼓励基层员工积极参与。从"底层革命"开展，按照信息数字化、流程数字化、业务数字化逐级提升。先鼓励基层员工结合职工创新、精益管理，打磨各自业务"珍珠"，大力倡导信息数字化；具备一定条件后，专业管理部门介入，把"珍珠"串起来，实现流程数字化；流程固化到一定阶段，通过数字化工具、接口技术等，将各"珍珠串"横向连起来，实现业务数字化。

楚雄供电局牢牢把握数字化转型"试验田"新机遇，积极投身探索实践，加快构建楚雄特色数字化转型。坚持回归业务本源，按照"顶层设计+基层首创"的思路，通过管理创新、数字化工具赋能，建立"干、管、盯"机制，让各层级"只干一件事、干好一件事"，实现"事事有人干、事事有人管、事事有人盯"。坚持顶层设计，以南方电网公司"十四五"数字化规划为指引、"4321"[①]工程为主体框架，以云南电网公司特色数字化转型"1+N+2+1"方案体系[②]为遵循，坚持不重复开发系统原则，结合自身实际需求，对原系统进行补充、完善，持续优化升级。鼓励基层首创，重点开展业务层面数字化，同步构建"干、管、盯"机制，以实现"盯得住过程、管得住结果"的管理意图，着力解决各层级在生产、运营、服务等方面的痛点、难点问题，当好云南电网公司数字化转型的"试验田"，支撑现代供电服务体系迭代升级。

---

① 4321："4"为数字电网、数字运营、数字服务和数字产业；"3"为安全运营体系、数据资产管理体系、数字化保障体系；"2"为基础设施和技术平台；"1"为企业级中台。
② "1+N+2+1"方案体系：1个总体方案；N个专业子方案；2个支撑方案；1个试点方案。

二、转变观念，营造氛围

彼得·德鲁克在《卓有成效的管理者》中提到："人若遭遇了重大的失败，改正并不太难，他们能检讨自己。可是昨天的成功，却能留下无尽的影响，远超出成功的有效期。尤其危险的是，有些活动本应该产生良好的效果,但是由于一些原因却没能产生效果。过去的成功和活动，往往演变成'经营管理上的自我主义的资产'，并且是神圣不可侵犯的。"转变观念是开展数字化转型的当务之急，楚雄供电局立足自身实际和业务层面的数字化，重点考虑基层感受，充分依靠一线员工，发动全员参与，围绕减轻员工负担、提高管理效力、提升关键指标三个维度，进一步激发基层首创精神，持续先试先行。

陈雪频在《一本书读懂数字化转型》中提到："数字化是这个时代所有企业要面对的大趋势，但很多企业对数字化转型的理解不够系统，往往把数字化转型等同于数字化营销，全面数字化转型的企业少之又少"。数字化转型是一件非常复杂和系统的事情，企业内部原有的经验很难指导全部实践，因此需要我们每一位管理者都具备开放的心态和思维模式，对数字化转型有系统认知。有效的管理者知道什么时候应依据原则做决策,什么时候应依据实际情况做决策。他们知道最棘手的决策，是正反两面折中的决策，他们能分辨正反两面的差异。他们知道在整个决策过程中，最费时的不是决策的本身，而是决策的推行。一项决策如果不能付诸行动，就称不上是真正的决策，最多只是一种良好的意愿。也就是说，有效的决策虽然是以高层次的理性认识为基础，但决策的推行却必须尽可能地接近工作层面,必须力求简单。这就需要我们每一位管理者不断学习,接受新知识、新事物,应用量化思维,用数字化帮助管理决策。

一个良好的数字化转型氛围,将对数字化转型的实现注入不可替代的力量。如楚雄供电局供电服务中心和楚雄鹿城供电局的一些员工,他们抢抓数字化转型机遇,主动地去了解学习数字化技术并用于实践,当数字化转型全面推进时,第一时间转变观念,自发性地投入数字化转型工作中,同时带动身边的同事认识数字化、投身数字化,就这样"一传十,十传百",使整个环境都充盈着数字化的氛围,充分激发基层的创新活力、要素潜能,拓展创新发展空间。

楚雄供电局利用好基层员工对数字化的灵敏感知度,积极响应云南电网公司"全员数字化素养提升三年计划",引导员工广泛学习数字化知识,应用数字化技术,提升数字化思维。选派专业骨干参加云南电网公司组织的"数字化专业骨干与业务骨干联合培养"活动,通过交流轮岗、挂职锻炼、定向培养等方式,前往云南电网公司信息中心与地市供电单位科数中心,开展数据管理应用、业务技术平台应用、数字前沿技术应用的学习,掌握数字化技术路线和管理要求,深入参与数字化建设过程,支持业务骨干使用数字化手段解决业务难点、痛点问题。

楚雄供电局为推动各业务领域的数字化转型升级,组建数字化专班,将业务与技术相融合,培养各专业数字化人才。由各专业数字化人才有针对性地对各业务领域开展数字化培训,采取理论与实践相结合、培训与实战相结合的方式,学习研究 Python、RPA 等工具软件,运用这些数字化工具,实现人工监测、人工派单、查询统计、报表填报及大量机械重复录入等工作自动化。在学中干、干中学,不断提高运用数字化思维和数字化工具解决问题的能力,推进人才数字化队伍建设。充分发挥数据价值,实现精益管理,为各级员工减负,营造全员学习、全员参与的数字化氛围。

➲ 案例 6-1

微信诉求管理 RPA

楚雄供电局为发挥网格经理敏捷前台作用,就近、就快解决用户问题,主动靠前响应用户需求,以加入社区微信群、小区业主微信群等方式,为用户提供贴近式服务。经统计,楚雄供电局网格经理共计加入微信群 13800 余个。庞大的微信群数量,在为用户提供便利服务的同时,也为网格经理的服务工作带来了巨大的压力,网格经理无法同时关注多个群聊的用户需求。针对存在的问题,楚雄供电局中台工作人员进行了深入分析,发现传统的人工识别需求效率不高、及时性不强,需运用数字化工具来解决问题,于是开展了微信诉求管理 RPA 的研发。

首先建立用户诉求关键词汇库,通过对全省近三年用户诉求工单进行汇总统计,将用户诉求信息中出现频率较高的字、词汇筛选出来,形成诉求关键词汇库。其次创新微信群消息字、词汇匹配算法，自动识别微信群聊天框内的实时信息，对相同的关键字、词汇、发言用户账号信息进行提取后汇总至用户诉求收集模板内，最终形成用户诉求抓取清单。微信诉求管理 RPA 的研发，为网格经理提供了用电服务微信群用户需求识别工具，及时获取微信群内用户实时用电诉求信息，提升了用户诉求响应的及时性，大大降低了网格经理的工作量。

2022 年 7 月，楚雄州永仁县张先生拨打 95598 供电服务热线，对其所在小区的网格经理提出表扬："近期我家盖房子需要用三相电，我才在供电服务微信群问了一句，供电局工作人员就联系了我，指导我申请用电，很快我就用上电了，我对这种服务太满意了"。

三、明确路径，精准施策

按照云南电网公司数字化转型"试验田"的定位，楚雄供电局结合实际，确立数字化转型实现路径。一是总结现代供电服务体系建设、三年攻坚行动、三级运监体系、各基层所队在"干、管、盯"机制建设过程中的数字化应用实践成效、经验，分析应用过程中的难点和痛点。二是为云南电网公司各领域在楚雄供电局创新数字化应用、打造数字化生态体系提供良好试点基础，为全面开展数字化转型试点工作提供支撑。三是持续完善楚雄供电局数字化转型试点工作纵向、横向服务能力，配合云南电网公司组建优秀的试验团队。在试验过程中建言献策，提供基

第六章　数字赋能强支撑

层心声和想法，助力各专业领域打造优秀的数字化应用场景。鼓励各专业充分融入应用场景建设，为各专业之间信息实现交互、打通业务链条、进行系统整合提供经验及建议，助力地市级"驾驶舱"建设。四是定期召开数字化转型专题会议，总结转型试点工作中存在的问题及不足，验证楚雄供电局试点工作思路的正确性，及时纠偏调整。做好各项试点工作产出成果的基层适用性验证，实时反馈存在的问题和收集的意见、建议，做好成果迭代更新，确保达到预期效果。

为发挥好云南电网公司数字化转型"试验田"作用，确保各项试点工作高效有序推进，实现特色数字化转型既定目标，楚雄供电局于2021年9月成立数字化转型工作领导小组，全面统筹推进各项工作，领导小组不定期召开工作会议，听取试点工作推进情况，协调解决推进过程中的重大问题。

领导小组办公室下设四个专项工作组。业务组共设生产、营销、基建等9大业务领域工作组，主要负责组织和配合上级制定、实施本专业领域的数字化转型举措，按期实现转型任务目标。县级供电单位工作组负责承接落实楚雄供电局数字化转型试点工作任务，收集数字化转型过程中系统完善、项目建设需求等意见、建议，统一报送至领导小组办公室，按照办公室的统一部署，配合业务组实施各项试点工作。技术支撑组统筹数字化工具建设资源，对各专业上报的数字化工具开发或完善需求进行可行性审查，并协助指导各专业开展需求申报工作。后勤保障工作组根据各专项工作组工作机制及云南电网公司下派业务、技术专家团队现场生活工作所需做好后勤保障，全面保障各项试点工作的顺利推进。

第二节 打磨各业务领域"珍珠"

楚雄供电局立足云南电网公司数字化转型"三步走"路径，从各专业的具体业务入手，开发一系列基层适用、好用的数字化工具，打造各自的业务领域"珍珠"。

一、数字化工具激发创新活力

楚雄供电局从实际出发，深入了解基层面临的痛点、难点、堵点、累点问题，以及基层对数字化转型的期待和需求，以问题为导向，利用数字化技术手段解决各类问题。一方面立足业务本源，不断加深业务和技术的融合度。推进数智技术运用，打造用户需求、话务热点分析等一大批能用、好用、易用、实用的数字化工具，让员工体会到数字化带来的无穷便利，进而驱动员工思考是否能够使用数字化技术优化工作业务，提升员工自主创新意识。另一方面推动数字技术的普及，推动低代码、RPA等数字化工具进基层，鼓励员工主动发现业务中可利用数字化技术解决的问题，应用网、省公司技术平台，自主开发数字化应用工具，打造停电主动告知、负荷管理等多个RPA，提升工作效率，激发员工创新活力。

> **案例 6-2**

RPA 赋能业务提质增效

传统模式下，手工处理、纸质文档传递等方式容易导致信息传递延迟和错误。面对这些问题，楚雄供电局积极引入数字化工具和技术创新，推动业务的转型升级，不断提高工作效率及质量。

自动派单 RPA：通过采用结构化地址识别技术，全天候不间断无人化监测、识别、派发用户诉求工单，实现"传统人工派发"向"智能识别和无人自动派发"的转变。"RPA 可通过诉求用户的地址自动识别对应的处置部门，自动派发 5 类用户诉求工单至对应供电所。原来人工派单需要 8 分钟，现在只需要 1 分钟，解决了用户诉求集中时容易引起工单超时、信息传递不及时造成诉求升级的问题，地市诉求审核及时率也得到了大幅提升。"楚雄供电局赖师傅说到。

区域服务风险监控 RPA：自动采集营销管理系统历史用户诉求数据，以供电所为单位，通过用户诉求工单量、分布、动态变化情况，输出"用户诉求热点一张图"，实现主动感知服务风险，及时介入开展预警处置，避免服务问题升级。"以往每天常态开展的诉求监控通报，需花费统计数据时间 30 分钟左右,自RPA运用以来,实现了自动快速获取'用户诉求热点一张图',并实时进行通报。通过主动感知服务风险,及时介入开展预警处置,避免出现服务问题升级的情况。"楚雄供电局余师傅说。

用户诉求分析RPA:实现实时来电五大类(投诉、举报、意见、建议、用电业务)诉求工单用户的近三年历史诉求分析,以年、月、日为统计周期,展现用户历史诉求类型及数量,提前感知用户所属分群,便于网格经理开展有针对性的服务工作。楚雄供电局张师傅说:"原来分析用户诉求的记录时,要查询近三年的同类型记录,分层分级统计到用户、供电所、县级供电单位,大概需要1.5小时,现在RPA上线后可实现诉求工单自动抓取,诉求管控更加精细化,导向性更强。"

负荷管理RPA:依托电能量数据平台实现实时负荷监控、日内实时电量监控等功能,及时发布监控情况,做好预警用户和超指标用户的管控并动态跟踪,实现了用户全天候实时基线电量、实际使用电量、管控电量的监控,日报、实时报及时率保持100%,减少了人工重复投入工作的时间,数据报送更加及时、精准。楚雄供电局黄师傅说:"在传统模式下,需要大量人力、物力对数量庞大的用户负荷基线进行计算,对用户实时负荷开展监控、比对、分析、预警以保障电力负荷管理工作有序开展,同时能效日报对时效性和准确性有较高要求。"

二、数字化赋能释放人力资源

在企业管理中，人作为知识、信息、技术等资源的载体，是生产力诸多要素中最活跃的因素，也是管理的中心，企业必须高度重视人力资源的管理。当代企业的发展离不开数字化管理技术的应用，作为影响企业活力与效率的主要因素，人力资源需借助数字化手段来实现分配更合理、管理更高效。

楚雄供电局紧密结合生产实践，用数字化工具研究问题解决办法。主动运用大数据、人工智能、移动互联网等新技术，探索各类信息化手段改善工作模式，发挥数据来源多、数据量庞大的优势，挖掘现有数据价值，将员工从繁杂的日常业务中解放出来，更好地服务用户。

➲ 案例 6-3

数字化工具助力员工减负

随着业务量的不断增多，员工需要耗费大量的时间和精力进行烦琐的数据录入、整理和分析。楚雄供电局借助数字化工具优化业务处理流程，有效减少了人力成本，助力基层减负增效。

运营日报编写 RPA：现代供电服务体系运营日报作为每日呈现地、县两级中台实时运营情况、营销业务监控情况的载体，需要每日定时编制发布，存在数据量多、重复性强、制表工作烦琐、人工统计汇总耗时、容易出差错等问题。为解决日报编写存在的问题，楚雄供电局开发了运营日报编写RPA，节约了90%的数据查询、统计、编制时间。中台业务人员表示："运营日报编写RPA运用以后，只需要30分钟即可自动完成指定时间段内数据提取、生成表格、汇总文档等工作，生成包含中台协同'问题库'管理、用户服务、营销安全、线损管理、计量管理等专业的中台日报，为大家节约了大量的工作时间。"

差旅费报销自动化工具：差旅费金额小、频次高、票据多、审核难，80%的财务人力资源投入在1%的费用审核上，这是在传统差旅费财务管控模式下存在的弊病。为彻底"治好"该弊病，按照"成本效益"原则，开发数字化智能工具，将差旅费报销制度拆解并固化到系统中，同时整合对差旅补助具有决定性影响的系统数据（如食堂就餐数据、车辆调派数据），实现差旅补助自动计算，一键生成报销单。同时研发RPA，助力财务人员高效处理审核、制证、支付等工作，在确保差旅费报销真实性的同时，提高报销效率及单据审核效率，构建"智能、高效、合规"的差旅费全业务自动化处理流程，实现员工差旅费无感报销，快速到账。真正达到业务、财务双减负的目标，提升员工满意度及获得感。

云现场App：随着基建项目投资逐年增加，工程项目结算资料复杂、结算数据收资难等问题逐渐凸显，项目建设过程中项目工程量、项目耗用物资等不断增加。在项目结算过程中，烦琐的数据需人工进行整理录入系统。基于该现状，开发云现场 App，按结算系统模板自动生成项目结算工程量、耗用物资清册等数据，大幅提高结算的效率，实现完工即可结算的目标。加快项目建设进度，让项目管理人员从烦琐的结算数据收集工作中解放出来，提升项目管理能力。

第三节 打造连接"珍珠"的"驾驶舱"

在数字化转型的进程中，随着各专业领域的"珍珠"越来越多，数字技术的应用一方面加强了穿透式管理，同时也促进了业务模式的变化。楚雄供电局通过打造"驾驶舱"的方式，把这些"珍珠"连接起来，形成"珍珠项链"，达到专业纵深穿透监控、业务流程重塑的目的。

一、数字化助力纵深穿透监控

自 2020 年生产运监中心成立以来，楚雄供电局紧密围绕态势感知、协同支持、监控指挥、绩效考核四大核心定位开展监控与分析工作，在打破专业壁垒、实现专业融合、提升要素生产率等方面发挥引领作用。

在云南电网公司的带领下，楚雄供电局统筹协调相关资源支撑各业务进行数字化转型。依托云南电网公司数字化基础平台，以业务运营监控为驱动，围绕态势感知、协同支持、监控指挥、绩效考核四个核心，开展业务数据直采与融合，提高感知力、协同力、穿透力，建立省、地、县三级运营监控闭环管控机制，构建可观、可测、可控、可追溯、可考核的企业级运营监控管理体系。以运营监控平台为基础，按照"业务数据化、协同场景化、数据业务化"的基调，先规范化开展专业运营监控平台建设，再开展省、地两级"驾驶舱"建设和应用，最终实现资产全生命周期管理。

楚雄供电局规范化开展各专业运营监控平台建设，总结生产运营监控平台建设经验，提炼运营监控业务场景、流程、指标、数据构建标准和规范，以直采形式全面接入云南电网公司内外部基础数据。以此为基础，优化完善现有信息系统功能，按规范搭建分层级使用的专业监控平台，准确刻画专业领域重点工作任务，让各层级、各专业知道"该管什么、该干什么"。

整合各专业运营监控实现业务协同，按照"成熟一个、整合一个"的思路，逐步整合各专业运营监控平台，打造业务协同和数据协同的集散地，促进各类数据的协同、融合。建立省、地两级"驾驶舱"，强化业务的全链条、全过程管控，为业务决策指挥、资源调配、高效运转等提供有力支撑，实现资产全生命周期管理，建成三级全域企业级运营监控平台。以资产全生命周期管理为目标，搭建电网规划建设、物资采购、生产运维、财务管理等全业务应用场景，将价值管理理念贯穿资产管理各个环节，推动地市级供电单位由成本中心向利润中心转变，通过价值创造指标牵引业务的持续改进。

协同业务部门，立足运营监控业务、梳理各业务域运营监控态势感知需求、监控指挥业务、协同支持场景、绩效考核指标，整理形成企业运营监控的业务框架，明确地、县、所各层级数据监控范围及采集路径。建立专业运营监控协同对接机制，由专业运监建设支撑团队各小组负责，对接各专业指定工作联络人，协同业务部门以业务为主线，形成流程化业务清单，明确关键业务，确定各专业运监建设业务场景。

二、数字化促进业务流程重塑

传统业务流程是为达到特定的目标，由不同的人完成的一系列活动，活动的先后顺序、内容、方式、责任等有明确的安排和界定。随着数据生产要素价值的发挥，通过数据建模和机器学习，将实现流程中部分环节及行为由数据、全自动化替代，而不是由人的直觉和经验驱动，从根本上实现企业用数据说话、用数据决策、用数据管理。数智驱动业务流程优化，全面提升企业的组织效率。以企业资源集约化管理为核心，推进单位投资计划数字化、财务管理数字化、人力资源数字化，数智驱动人、财、物等企业资源优化配置。以风险内控为核心，推动监督审计。以提升组织绩效为核心，加强数字化办公应用。推广应用智能移动终端开展现场作业，简化员工现场操作流程，推动业务向"互联网＋移动终端作业"模式转变，实现业务全流程、全链路数字化。

楚雄供电局紧扣现代供电服务体系建设目标，积极推进数字化转型工作，在云南电网公司建设数据管理运营、数字产品运营两个体系组成高效数字运营中台的进程中，不断发挥着数字化转型"试验田"效能，深度融合数字技术与业务，促进业务流程重塑，驱动数字化赋能企业高质量发展。

案例 6-4

助力"云景"平台建设，数据驱动促业务管理提升

楚雄供电局立足楚雄电网业务特点，融合网省级统建系统数据，紧扣看、算、判、控四个维度助力打造场景12个，实现数据融合可见、问题穿透到底。其中，9个专业场景被南方电网公司营销专业纳入共性场景，业扩场景作为南方电网公司封闭评审全业务的典型样例示范，场景设计思路得到充分肯定。

通过"自下而上"参与云景平台建设，改变业务和管理模式，充分输出基层经验，让最基层的数据融合可见，且数据逐级向上汇集，让各层级人员看得见、看得准，逐步体会到"数据驱动"业务的实际效果，达到"强化专业管理，触达一线、服务一线"的目标。以"工程项目智控全景看板"为例，横向打通专业业务数据壁垒，纵向支撑省、地、县、所4级项目进度管理需要，实现了工程项目"自下而上"的全过程管理。

楚雄供电局为解决传统营销财务对账业务痛点、难点，在云南电网系统内首创营销财务智能对账新模式替代传统对账模式，基于智能对账

模式的稳定可靠和高效，对电费财务管理进行优化和集约，实现了控制风险和为基层减负增效的目标。

➲ 案例 6-5

"营销财务对账平台"实现电费管理高效集约

针对以往"营销财务对账工作依靠手工处理，工作烦琐、重复机械而且容易出错"的问题，楚雄供电局开发运用"营销财务对账平台"（图6-1），自动完成日结数据处理、到账资金推送、自动对账和制证等操作，实现营销财务对账自动化。

图6-1 营销财务对账平台

"该平台由日结数据、到账资金推送、自动对账、制证等多个机器人组成，各个机器人相互配合，让财务对账工作更智能、简捷。"财务共享中心员工表示。日结数据机器人自动到营销系统的日结数据确认功能下进行数据统计、入账银行信息核准和上报操作；到账资金推送机器人智能识别剔除非电费收入、承兑汇票到账和账户间转款的数据；自动对账机器人到营销系统自动勾对营销侧和财务侧的数据，完毕后自动发送财务系统；制证机器人自动到财务系统生成电费会计凭证，进一步简化了财务操作流程。

"通过营销财务对账平台，进一步打通了营销管理系统和财务管理系统数据接口，让数据获取更准确，而且还能对营销财务对账过程实时监控，大幅提高了工作效率。"供电服务中心许师傅说。营销财务对账平台不仅提供了更便捷、高效的数据管理和任务处理工具，将员工从繁杂、重复的工作中解放出来，还提高了工作效率，真正做到了减负增效。

三、数字化驱动"驾驶舱"构建

聚焦管理人员对基层信息和情况掌握不及时、不全面、不充分，难以作出准确判断的管理痛点，楚雄供电局承接落实云南电网公司特色数字化转型工作要求，抓住现代供电服务体系建设契机，持续优化应用营销业务监控系统，构建营销监控"驾驶舱"，围绕18个基础业务，编制业扩报装、抄核收、客户服务等营销业务监控规范，充分挖掘营销数据价值。

基于现代供电服务体系先试先行的经验，楚雄供电局着力推动各专业管理变革，优化专业管理模式。挖掘现有信息系统和数字化应用价值，结合自身业务需求，探索数字化应用的创新建设，在云南电网公司的指导下，构建资产全生命周期、用户服务全周期、经营管理全过程的数字化闭环管理体系，在地市级"驾驶舱"建设过程中积极参与试点实践工作，提升各业务域的协同能力，助力各业务域形成"现场工具＋管控平台"的穿透式监控模式。在楚雄供电局试点的基础上，将楚雄经验在全省进行推广。围绕省级监控和监管需求，整合省级各专业运监，建成各专业省、地、县、所、班资产和人员全穿透的省级"驾驶舱"。

随着各专业持续深化使用"管理驾驶舱"，现代供电服务体系不断发挥统领作用，推动供电服务"大循环"顺畅运转，实现用户问题自下而上分层级、全流程线上协同处置。将各业务领域小工具、驾驶舱融入用户问题"专业诊治"，开展可视化过程管理，让"业务回归本源、管理回归本质"，倒逼各业务领域围绕用户问题紧密协作，支撑用户问题高效解决，推动现代供电服务体系不断迭代升级。

案例6-6

打造营销业务全景"驾驶舱"

为了更好地了解营销业务全貌，楚雄供电局聚焦省、地、县、所、网格五个层级关注的指标，打造营销业务全景"驾驶舱"，实时监测和分析业务指标，全面开展营销业务"体检"，找准问题、精准"开方"。

"驾驶舱"不仅提供了业务数据的汇总和展示，实现跨部门、跨区域的横向和纵向对比，促进不同单位之间的经验交流和互动，还能将纸质营销月报指标在平台固化，以红、黄、绿灯进行指标在线预警告警，及时发现问题、制定对策，确保营销业务核心指标及问题"一看就清楚"；开展穿透式分析，精准定位异常，并及时补全业务短板。让营销管理业务、管理指标和管理要素的"在线化、可视化、透明化"穿透式监控，"事中管理"和"节点控制"相结合，确保成本、时间等指标可控、在控。

第四节　数字化助推价值共创

随着社会的不断发展和人民对电力需求的增加，供电服务也需要不断优化和升级。数字化技术在现代供电服务体系建设中具有重要的支撑作用，提升了用户用电体验和参与度，助力用户价值的发现、创造及实现；提供了高效的运营和管理手段，搭建"前中后"台支撑组织架构重塑；促进了与生态伙伴的融合和创新，发挥各自优势，协力服务用户。通过数字化工具的不断创新和优化，助推现代供电服务体系螺旋式上升，实现价值共创。

一、数字化助推用户价值实现更快速

数字化助推用户价值发现。通过数字化赋能业务，以数据驱动的方

式进行业务运营，实现精益管理。积极推广营销融合App的使用，开发微信用电问题收集小程序、微信诉求管理RPA等数字化工具，丰富用户需求收集渠道，全面、及时、准确、便捷地收集用户需求。运用大数据技术对用户需求进行深入挖掘和聚类分析，以用户标签为基础实现对用户的分群画像，精准洞察需求并开展个性化服务。研发停电态势感知RPA、停电抱怨热力图、配网管理穿透式分析工具等，主动感知用户需求，推动用户价值发现。

数字化助推用户价值创造。楚雄供电局通过新技术探索和技术引入，运用无人机、机器人、视频监测等智能技术，构建"天空地云"协同巡检的线路智能运维模式。采用无人机自动巡检、三维数字建模等智能化巡检手段，建设智能化、数字化"智能变电示范区"。安装配电自动化终端，利用配电网自动化断路器和系统，加速研究"故障自愈"技术，构建楚雄特色智能配电网，实现配网自愈，持续提升供电可靠性。打造"三位一体"里程碑智能管控模式和云现场App，数字化助力三年攻坚行动，提升供电能力。依托"南网在线"App打造多种"基础+"服务，满足用户的多样化需求，最终推动用户价值创造。

数字化助推用户价值实现。通过数字化转型，打造生产指挥中心和配电网数字化智能巡检中心，构建电压脉络图系统。开发运用低电压台区热力分析工具、停电抱怨热力图、用户联系信息维护小程序等多个数字化工具，助力解决频繁停电、用户末端低电压、停电信息传递支撑不到位、基础档案不规范四个突出问题。开发居民用户"刷脸办电"、企业用户"一证办电"和"电水气"联办功能,优化业务流程,减少用户办电时间。研发"扫码用电",减少用户用电成本,推动用户价值实现。

二、数字化助推组织架构优化更顺畅

楚雄供电局紧扣现代供电服务体系建设,推进数字化转型工作,突出用户主体地位,打造了一批数字化工具,重塑组织架构。前台依托数字化工具拓展问题反馈渠道,全面、快速地收集用户需求。中台依托数字化工具对用户进行"画像",分析、聚类用户需求,基于"问题库"功能,推动多专业协同解决用户问题,实现问题处置过程的可视化管控,提高问题解决效率。后台通过数字化工具运用,强化资源、优化配置,提升资源利用率。在数字化工具支撑下,组织架构优化更顺畅,"前中后"台高效协作,充分洞察用户需求并通过高效的协同工作和资源配置来满足这些需求,实现与用户的共创共赢。

建成敏捷的数字业务前台。线上大力宣传95598供电服务热线、"南网在线"App、营销融合App等服务渠道,提升用户办电体验。线下通过推广网格微信群、总经理热线,研发微信用电问题收集小程序全面收集用户需求,为用户提供更便捷、方式更多的需求反馈渠道。深度运用数字工具,研发微信用电问题自动抓取、95598诉求工单自动派发、用户诉求自动分析、停电信息自动分析研判等多个RPA,实现数字化工具支撑用户需求敏捷响应,把员工从大量的重复性工作中解放出来,集中精力为用户提供更优质的服务。支撑省级营销融合 App 开发应用,固化前台网格工具,实现"从 N 到 1""从繁到简",打造更加集约、简易、智慧的移动应用数字化工具,提升前台网格经理工作效率。

构建高效的数字运营中台。研发用户诉求分析、台区画像等数字化工具,对用户需求进行识别、分析,助力前台网格经理就快、就近解决问题。深入推行中台实体化运作,打通需求传递渠道,将前台无法解决的问题传递至中台"问题库",通过中台会商机制,聚合多专业会商解决。基于网格化管理平台打造具有楚雄特色的"问题库"可视化监控模块,全面监控协同问题治理进度。成立大用户用电服务专班,快速响应大用户用电需求,按"一项目一工作群"等工作机制,围绕用户项目建设中的难点、痛点,协同多专业定期协商解决。搭建各专业领域业务监控"驾驶舱",通过数字化手段对多项指标进行监控,实现各业务环节、流程节点穿透式监控、分析、指挥,提升业务中台监控分析能力。

将服务调度班组整合至现代供电服务体系实体化中台,通过 RPA 工具研发诉求派发、微信诉求管理、区域服务风险监控等机器人,实现全天候、无间断自动派发用户诉求工单,并自动审批欠费复电工单等功能,大大地优化了服务调度班组的工作流程,节省了时间和劳动力成本,不仅提高了工作效率,减轻了工作压力,还能够更快地响应用户需求,提供更好的服务,真正实现业务重塑及员工减负。

同时,因监控分析、预警督办、应急指挥等领域需大量具备专业知识和工作经验的人员，所以将节省下的人力资源布置在此类真正需要人工处置及决策的关键领域上，让专业人员全面参与到业务监控和系统数据分析的工作中，及时识别和响应潜在问题，并提出改进建议，提高问题处理的迅速性和准确性。在有限的人力资源下大幅提升工作效率和质量，推动现代供电服务体系的持续改进和创新。

打造坚强的技术应用后台。配合云南电网公司深入开展人工智能、大数据中心等技术平台建设，形成坚强的技术应用后台，提供智能化、自动化的工具为员工减负。

运用人工智能技术，有效地提高业务的智能化水平，通过强化人工智能算法和机器学习技术，对电力设备进行预测性维护，及时发现设备故障并进行处理，从而避免因设备故障而导致的停电事故，提高电力系统的稳定性和可靠性。

运用大数据中心建设为企业提供更加全面和准确的数据支持，通过对海量的电力数据进行分析和挖掘，帮助各专业实现精细化管理，优化电力生产、营销服务等，提高资源利用效率。通过大数据中心运用，提供实时的监控和预警功能，及时发现异常情况并采取相应措施，从而保障电力供应的稳定性和可靠性。

通过运用云平台，实现资源共享和协同办公，实现信息的快速传递和共享，提供灵活的计算和存储资源，满足电力企业在业务发展过程中的需求变化，提高工作效率和协同能力。同时，发挥基层首创作用，鼓励员工创新开发代替人工重复作业的数字化工具，打造日报自动编写

RPA、档案自动维护RPA等易用、好用的"机器代人"工具，实现员工工作的减负、增效。

三、数字化助推生态伙伴聚合更牢固

建设能源互联网生态圈是未来能源电力行业的重要发展方向。楚雄供电局以特色数字化赋能，汇集各类资源，推动更广泛的企业、政府、社会组织等多方主体共同参与，形成理念一致、优势互补的能源生态圈，通过持续解放和发展生产力、社会创造活力，实现生态体系价值向社会环境价值、自然环境价值外溢，创新引领能源服务业务业态。

联合推行线上电力服务。协同10县（市）政府联合发文推行线上电力服务政策，与通信运营商"网格同进、服务同行"，利用"南网在线"App、营销融合App及服务微信群等载体，及时收集用户需求、传递用电信息。

协同构建能源大数据中心。楚雄供电局积极落实"四个革命、一个合作"能源安全新战略[①]总体要求，获得楚雄州能源大数据中心建设运营的授权。按照"政府主导、电网主建、多方合作、成果共享"的模式，强化与能源大数据中心上下游产业链的协同合作，通过政府指导和市场化合作，推动各行业以数据共享创新模式参与能源大数据中心的建设。重点打造充电基础设施，逐步覆盖气象、水、煤、油、气等能源

---

① "四个革命、一个合作"能源安全新战略：推动能源消费革命、能源供给革命、能源技术革命、能源体制革命，全方位加强能源国际合作。

领域数据，深入挖掘能源数据价值，建设大数据智慧城市，多方数据共享让群众"少跑路"。利用大数据指导企业节能减排，为不同类型企业优化运营管理提供能源监测分析，科学用能促进企业降本增效。服务用户多场景用电，制订不同场景的用电计划，做好用户侧能源预测和管理，提高用户满意度。

接入"天眼"系统。林草部门的"天眼"系统是一个重要的数字化工具，为山火监测和防火隔离带建设提供了有力支持。楚雄供电局是云南电网系统内首家与林草部门联合设立线路密集区森林防火检查站、接入林草"天眼"系统的供电单位。通过"天眼"系统，各相关部门可以共同参与山火监测工作，实现信息共享和协同行动。一方面，该系统可以实时监测和记录山火的动态信息，及时获取最新的山火数据、火源位置和火势扩散情况等信息，从而能够及时进行应对和处置。另一方面，该系统还可以用于防火隔离带的规划和建设，各相关部门可以在系统中共享和标注地理信息，确定合理的防火隔离带划定范围和宽度，制定有效的防火措施。同时，系统还可记录和分析历史山火数据，帮助各相关部门进行风险评估和预测，通过对山火历史数据的分析，可发现潜在的山火发生规律，及时采取相应的预防措施，从而减少山火的发生和蔓延。共享"天眼"系统不仅可以提升各相关部门的工作效率，还能够加强信息共享和协同行动，形成合力应对山火灾害，预警率可达100%。图6-2为运用林草部门"天眼"系统开展监控。

与移动公司深入合作。一方面，通过搭建"电能量数据＋移动通信数据"分析模型,对春节期间返乡人数预计增长较多的自然村进行了统计,通过信息系统,支撑现代供电服务体系"前中后"台掌握全州人员变化趋势,以便灵活调配服务资源,提前制定服务策略,实现用户服务数字化、管理决策智能化,助力供电服务水平进一步提升,为广大用户春节期间的正常用电、安全用电保驾护航。另一方面,为了提供便利的用电服务,依托移动公司的信息系统,主动向来到楚雄州的人员推送服务短信,及时传递网格服务信息、微信小程序链接以及温馨用电提示等内容,帮助用户在楚雄州用电过程中获得更多便利和服务。

图 6-2　运用林草部门"天眼"系统开展监控

构建"电水气"联办新模式。为进一步优化用电营商环境,楚雄供电局主动思考,着力提升"电水气"报装效率。在楚雄州发改委的促成下,通过电、水、气三方企业共议共商,楚雄供电局基于南方电网公司能源大数据平台,在"南网在线"App实现了"电水气"报装联办功能,打造了楚雄快捷的"电水气"联办新模式。通过系统共建,进一步打通了服务行业间的信息壁垒，形成价值共创"生态圈"，真正实现"数据多跑路，用户少跑腿"，使得特色数字化转型成果惠及人民群众。

四、数字化助推用户评价反馈更精准

楚雄供电局聚焦业务重点，梳理复杂冗余的工作流程，通过运用Python、RPA等技术，化繁为简，把质量和效率贯穿于事前预控、事中监控、事后分析等环节，支撑各层级分析问题并精准施策，不断提高用户价值实现能力。

科学的评价方式是依托统计学把各项工作进行量化，以数字化为依据来进行比较，使得对工作开展的好坏有更加清晰的认知。以往一般都是人工查询数据，手动计算指标得分、排名等，大量数据通过报表手工汇总，其准确性、及时性相对较低。楚雄供电局为解决这一问题，充分运用数字化技术做出改善，通过RPA、"驾驶舱"建设等方式实时抓取各指标数据并自动计算分析，根据监测结果计算生成实时预警信息，同时推送至相关部门，督促其限时整改处置，支撑各层级精准施策。

⊃ 案例6-7

OKR管理工具迭代升级，助推企业发展

在当今数字化时代，基于过程管控的OKR管理工具对于

组织目标的实现变得越发重要。然而，单独依赖传统的手动方式进行OKR管理已经无法满足企业的需求。因此，将OKR管理工具与数字化工具相结合是必要的。

楚雄供电局依托RPA技术研发OKR指标统计机器人，主动抓取营销管理系统、计量管理系统和电能量数据平台等系统数据，通过固定的运算方式自动计算指标，并将指标固化至OKR监控系统。一方面，实时查看指标完成情况，以制定具体的管理和运营策略。另一方面，建立指标预警机制，自动触发"红黄绿"灯预警，助力各级人员快速识别并穿透异常，提高运营管理效率。

"通过OKR指标，我们能直观看到指标进展缓慢或工作方向偏移的情况，让我们能及时调整计划和目标，以确保始终保持正确的轨道，推进目标的实现。"楚雄禄丰供电局吕师傅表示。

指标体系基础是数据，数据的唯一性是准确支撑评价体系运转的保证。楚雄供电局推行"数据上云"，摒弃传统的纸质报表模式，寻求更高效、更科学的决策工具——管理"驾驶舱"。聚焦业务模式的关键环节、关键指标，回归业务管理的本源，基于各业务平台，通过基础数据实时测算实现指标实时监测，将采集的数据形象化、直观化、具体化，支撑地、县两级中台实现态势感知、穿透式监控，分层分级开展业务"干、管、盯"，有效形成PDCA闭环。通过管理数据的系统集成，支撑各级人员依据数据开展科学化、数字化的决策，"以前每项指标都需人工查询统计、费时费力，现在通过数字大屏幕就能实时看到指标情况，一目了然，并且能穿透至底层数据，更有效地支撑业务整改。"楚雄供电局现代供电服务体系中台人员说。此外，通过可视化数据，及时发现问题，解决用户在个案中的诉求。

积极使用RPA平台研发机器人，自动筛选数据完成数据预处理工作，锁定进一步需要处理的数据范围，识别异常数据并预警，对提取的数据进行转化、汇总、整理，按照标准模板输出评价结果。实现数据自动采集、指标自动运算、评价自动输出，有效提升数据的准确率及真实性，减少人为失误，助力企业实现更高效、精细的运营。

从用户价值实现、组织能力重塑、生态伙伴聚合等维度科学评价，形成争先创优的氛围，推动各专业、各部门主动作为、主动服务。坚持以问题为导向，从指标的升降、数据异常中敏锐地捕捉问题、分析研判、整改提升，推动以评促改、以评促建，充分为用户创造价值。

数字化赋能支撑"双解放双促进"。在云南电网公司"双解放双促进"管理创新的指导下，楚雄供电局通过近两年的数字化探索实践，已充分利用现有的计量自动化、调度自动化等业务系统，并推动迭代升级，完成了专业监控平台的搭建和应用。打通部分专业壁垒，在营销、生产领域实现横向互通、纵向贯通，搭建起省、地两级"驾驶舱"，实现数据跨专业抓取和各专业部门关键业务协同。

以数字化手段为支撑，加快构建现代供电服务体系，规范业务环节、简化流程。以解放用户为引领，推动服务提档升级，以解放员工为驱动，激发员工内生动力，推进员工与企业同呼吸、共命运、心连心。解放用户与解放员工有机统一、循环互促，形成"双解放双促进"的良性循环，使得工作越干越高效，员工越干越轻松，用户越来越满意，实现企业、员工、用户"三赢"的良好局面。

第七章 "双解放双促进"良性循环

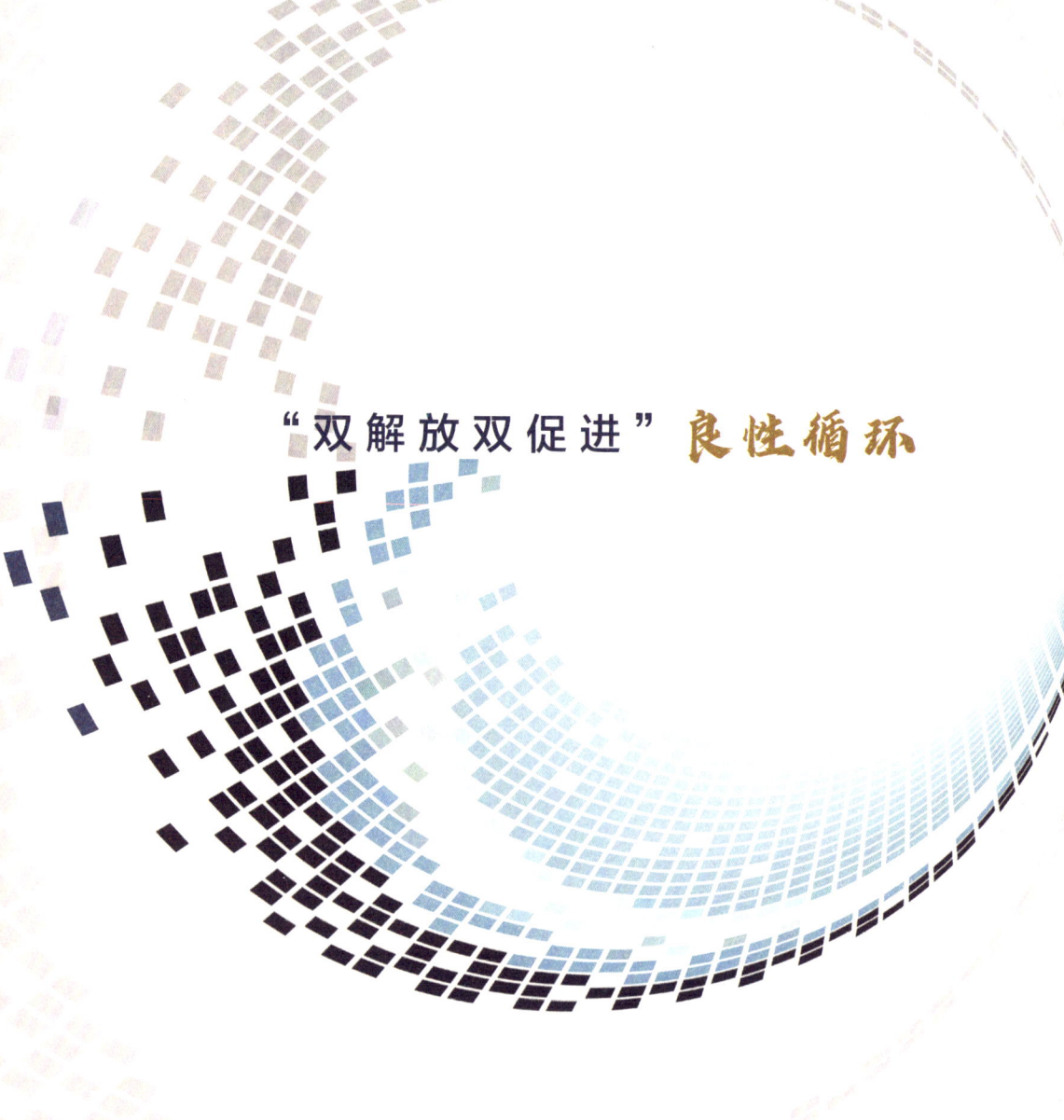

"双解放双促进"良性循环

第七章 "双解放双促进"良性循环

"双解放双促进"良性循环是在解放用户理念指引下治企实践的管理创新，回答了"企业如何洞察并满足用户用电需求，从而实现用户与企业的价值共创"和"企业如何激发员工内生动力，从而实现员工价值"两个问题。楚雄供电局通过近三年来的探索与实践，在现代供电服务体系建设与数字化转型方面取得了一系列成效，进一步提升供电服务水平，不断满足彝州人民对美好生活的用电用能需求，"始于用户需求、终于用户满意和价值共创"的共识得到全局干部员工广泛认同。

践行解放用户理念任重道远。眺望奋进路，楚雄供电局将在云南电网公司"双解放双促进"管理创新的指导下，深入实施"两化促两型"[1]，聚力打赢"痛难堵累"歼灭战，着力打造"三个标杆"[2]，全面建成现代供电服务体系，奋力谱写楚雄供电局高质量发展新篇章。

---

[1] "两化促两型"：推动数字化绿色化协同转型，助力构建新型电力系统和新型能源体系。"两化"即数字化、绿色化，"两型"即新型电力系统和新型能源体系。

[2] 三个标杆：打造新能源发展标杆、"源网荷储"协同发展标杆、新型电力系统示范区标杆。

第一节 深入实施"两化促两型"

"当前,数字化、绿色化成为全球产业竞争的战略制高点,两者相互依存、相互促进,正深刻改变全球产业发展竞争格局。"全国政协委员、南方电网公司董事长孟振平说。2023年全国两会期间,他提交了关于数字化、绿色化协同促进新型电力系统、新型能源体系建设的提案,建议以数字化引领绿色化发展,以绿色化带动数字化升级,以数字电网为关键载体加快构建新型电力系统、助力建设新型能源体系,促进能源清洁低碳、安全高效利用,推动能源产业基础高级化、产业链现代化,以能源高质量发展支撑中国式现代化建设。

一、"数字化"引领绘蓝图

"数字化"已经成为越来越多国家、企业和组织的共同话题。数字技术将驱动生产力从"量变"到"质变",并逐步成为经济发展的核心引擎,跃升数字生产力正当时。

在传统的电力系统中,电能的传输是单向的,电厂向电网输送电能,电网向用户提供电力服务。但在新型电力系统中,单向的电能传输方式将被打破,广大电力用户都有可能成为电力的供应商或者中间商,所有的电力用户都可以参与其中,实现海量信息交互。这就对用户服务提出了更高要求，无感服务正成为最受欢迎的电力服务模式。无感服务的关键在于数字化系统的完善和升级，对于电力企业而言，能够全面监控电力供应、用户用电、电力设备等状况并进行预警和处理的智能化服务平台必不可少，平台可以利用 AI 技术，为用户提供更加智能的电力服务，比如利用大数据分析技术，收集分析用户用电信息、预测用户用电量、了解用户用电习惯等，从而为用户量身定制电力服务方案，减少用户用电成本。在数字赋能增效上进一步发力，优化"南网在线"智慧营业厅以及台区负荷预测、停电研判及负载监测等功能，完善统一停电信息池，推动停电信息主动推送、快速查询，实现停电态势感知及信息共享，为精准规划、电网建设、配网运维、优质服务提供支撑，让用户得到更加便捷、高效、安全、舒适的用电体验。

楚雄供电局承接落实云南电网公司特色数字化转型工作部署，进一步挖掘信息系统和数字化应用价值，结合自身业务需求探索数字化应用的创新建设，利用数字化手段提升各业务域的协同能力，配合云南电网公司构建多项全生命周期管理体系。

根据云南电网公司正在打造的企业级中台，下一阶段将进一步实现业务、数据、技术的标准化和服务化，并根据中台运营和服务治理所需，利用该平台打通并连接前台需求与后台资源，实现核心数据全面贯通，有效解决数据同源、业务协同问题。"前中后"台将在数字化的推动下联系更加紧密、运转更为高效。

数字化转型的深入，将极大地支持新型电力系统及现代供电服务体系建设。先进传感技术、通信信息技术、控制技术、人工智能技术、数字孪生技术等的深化应用，将打通"源网荷储"各环节，全面提升物理电网设计态、建设态、运行态、退役态的智能化水平，提升电力"发、输、变、配、用"各环节专业运行、生产运行、现场作业的数字化和智能化水平，构建绿色高效、柔性开放、数字赋能的新型电力系统，也将进一步在资产管理的各个环节打上数字化标签，实现资产全生命周期管理。而数字服务将逐步替代传统服务，服务模式将发生革命性改变，智能化的服务平台将革新大部分常态服务业务，将服务人员从日常烦琐的业务中解放出来，数据的深度分析应用将更好地为服务人员提供精准且高价值的服务指引。在此过程中，也会进一步激发基层人员在数字化应用中的首创精神，创造大量"接地气"的数字化工具。

数字化转型是开放的。在转型的同时，也将与其他产业，企事业单位产生更多的交集，带来更多的合作可能。当前南方电网公司已完成"公有云"[1]建设，为构建能源工业互联网生态圈提供了数据支撑。各级电网企业将推动构建以数字电网为核心、互联互通的数字能源生态体系，加速地方政府政务与电网的数据、技术、业务的联动，不断拓展电力与其他业务跨域融合数据应用。楚雄供电局将把握能源大数据中心建设试点契机，在数据的跨域共享、共用、数据价值挖掘方面积极创新，补齐数字化价值短板。

---

① 公有云：云服务提供商部署 IT 基础设施并进行运营维护，将基础设施所承载的标准化、无差别的 IT 资源提供给公众客户的服务模式。

二、"新能源"赋能谱新篇

能源活动和工业生产过程是我国二氧化碳排放的主要来源,在此现状下,能源领域成为低碳转型发展的战场,而电力行业是其中的主力军。多种措施围绕"构建清洁低碳安全高效的能源体系"的重大战略并行推进、共同协作,其中"构建以新能源为主体的新型电力系统"是重要组成部分与核心内容。新型电力系统的电源主体是新能源,包括风电、光伏、潮汐、沼气、垃圾发电等发电形式,而改变传统电能供应模式的核心,是现在正在兴起的分布式光伏和储能以及我们平时的用电设备。构建以新能源为主的新型电力系统是推动能源清洁低碳转型,助力碳达峰、碳中和的关键举措。

新型电力系统承载着能源转型的历史使命,需要对现有系统的电源结构、发展方式、科学技术、产业形态、体制机制进行全方位变革。未来电力系统以新能源供给为主体,需要接受大规模风电、太阳能等变动性电源并网,容纳大量电动汽车、新型储能等新技术设施接入。在保障电力安全的基本前提下,以数字电网为枢纽平台、以"源网荷储"互动与多能互补为支撑,实现清洁低碳、安全可控、灵活高效、智能友好、开放互动。

楚雄州已成为云南落实"双碳"目标的重要主战场。经过多年建设发展,楚雄州已建成"四直十五交"①西电东送电力大动脉,500千伏交直流输电线路总长居全省各地州之首,西电东送过境电量连续多年稳居

---

① 四直十五交:指500千伏及以上的四条直流、十五条交流输电线路。

全省第一，是西电东送的重要通道和云南省重要电力枢纽。楚雄供电局将积极配合政府部门编制、出台支持地方电网规划建设的规范性制度文件，提升项目审批协调效能，进一步形成电网建设合力，促成光伏项目按期投产，共同推进楚雄州"源网荷储"一体化发展，助力构建云南省新型电力系统示范区。

第二节 聚力打赢"痛难堵累"歼灭战

2021年，云南电网公司开展了三年攻坚行动，围绕主网降风险、配网补短板等重点领域精准发力，不断提升电网安全和供电可靠性水平。但受发展阶段及客观因素制约，目前还存在不少制约企业高质量发展的痛点、难点、堵点、累点问题，难以更好地为用户创造价值。2023年7月，云南电网公司系统部署了"痛难堵累"问题"歼灭战"，制定了"1+N"方案（1个总体方案、N个实施方案），全面根治痛点、解决难点、疏通堵点、消除累点，促进云南电网公司一流指数关键指标显著提升。

楚雄供电局把解决实际问题作为打开局面的突破口，与网、省公司重点战略、现代供电服务体系建设及数字化转型工作结合起来，承接落实好云南电网公司"痛难堵累"问题"歼灭战"要求。聚焦制约楚雄电网高质量发展的痛难堵累问题，深入开展调查研究，系统梳理调研发现的问题、推动改革发展中的问题和员工群众反映强烈的问题，抓主要矛盾和矛盾主要方面，集中精力解决最急需、最根本的问题，以重点突破抓好系统性整治整改，厚植高质量发展基石。

一、找准用户急难愁盼问题

近几年，楚雄供电局一直驶于高速发展的快车道，电网硬件和用户服务水平持续提升，内部发展动力不断增强，外部发展环境持续向好，各项工作迈上了新台阶。随着发展不断加速、改革持续推进，发展不平衡不充分、生产力与生产关系不协调等矛盾逐步显现。其中，最主要的就是彝州人民日益增长的美好生活电力需要与电网发展不平衡、不充分的矛盾。

目前，楚雄供电局还存在不少痛点、难点、堵点、累点问题，制约解决用户"急难愁盼"问题。痛点体现在电力供给、服务能力还未能高质量满足彝州人民群众从"用上电"到"用好电"的转变上。难点体现在"险在主网、弱在配网"基本面没有变，大集体企业、县级供电单位发展不平衡不充分上。堵点体现在管理还未全面回归本质、化繁为简，流程标准畅通性不足，资源配置不充分、不平衡上。累点体现在数字化赋能还未全面融入业务、管理效率不高、基层负担重等问题依然突出上。

二、扎实推进"痛难堵累"歼灭战

（一）始终坚持实事求是找准选题

楚雄供电局深入开展调查研究，梳理全流程、各领域、各层级的问题，特别是那些用户需求集中的"急难愁盼"问题，敢于直面、充分暴露。

（二）始终坚持务求实效解决问题

楚雄供电局将三年歼灭战与落实云南电网公司重大部署、深化"双解放双促进"管理创新结合起来，以问题为导向，集中优势资源，加快解决发展不平衡不充分问题。充分发挥领导小组统筹协调作用，建立定期会议机制，强化过程管控。各专业部门加强与上级专业部门联系，加大到一线调研的力度，修订完善子方案及行动计划，建立各专业领域问题清单，找准发力方向，确保措施有效，重点解决安全生产、供电服务等方面突出问题，持续提升管理水平。

三、凝聚合力推动企业发展

（一）在根治痛点上下功夫

围绕解决频繁停电、长时间停电、重过载、低电压等问题，开展源头治理，解放用户的同时把员工从烦琐的工作中解放出来，形成用户和员工"双解放双促进"的良性循环。不断优化供电可靠性管理体系，锚定供电可靠性、电压合格率、第三方客户满意度各阶段提升目标，细化明确长期工作方案，以"合环转供电率"等指标提升带动网架水平提升，全面推动用户从"用上电"向"用好电"加速转变。

（二）在解决难点上下功夫

争取更多电网投资、设备改造、数字化项目等资源，加速推进三年攻坚行动决战决胜,持续深化"运规合一",提升楚雄电网硬件水平。加强县级供电单位协调发展和大集体企业等同管理,因地制宜实施全面或专项帮扶,引智、引技、引教并重,深化跨区域"组团式"结对。研究制定"先进带后进"系统性帮扶方案,着力解决基层"不会干""怎么干"的问题,加快补齐短板、促进整体提升,解决发展不平衡不充分问题。

(三)在疏通堵点上下功夫

完善供电服务"大循环"管理链条,系统优化业务制度流程、统筹配置各类资源。健全提前谋划、动态调整、及时响应的经营管控机制,继续开展成本费用精益管理体系建设,增强经营韧性。以数字化赋能持续提升综合服务、供应链、财务等领域集约化、专业化核心能力,优化业务流程,实现业务体系标准化、业财协同一体化、风险监督在线化,提升经营指标穿透式监控能力,打通管理堵点。

(四)在消除累点上下功夫

大力推进业务层面数字化,开发更多好用管用的功能场景。以用户、员工满意作为目标,持续开发更多好用实用管用的工具,提高工作效能。通过数字化赋能各类管理体系建设,支撑组织模式专业化、扁平化、集约化管理,助力综合计划实施,建立健全各层级、各专业"干、管、盯"机制,提升管理效率、减轻基层负担。

随着人民日益增长的美好电力需要不断提高,"痛难堵累"问题也呈现出长期性、动态性的特点,我们要在承接落实好云南电网公司"三年歼灭战"要求的同时,持续歼灭不断变化的"痛难堵累"问题,为用户创造价值。

第三节 着力打造"三个标杆"

"十四五"以来,围绕"双碳"目标,立足能源电力安全保供和云南省发展实际,楚雄州充分发挥资源禀赋、区位优势和系统优势,全力推进绿色能源和绿色制造产业融合发展,对电网规划建设和电力供应保障提出了更高的要求。楚雄州人民政府出台了系列支持保障新能源开发和电网规划建设的政策措施,与云南电网公司签订了推进"源网荷储"高质量发展合作协议,推动政企、源网、网荷各方在更高的起点上形成合力,将楚雄州打造成为新能源发展、"源网荷储"协同发展和省级新型电力系统示范区"三个标杆",努力闯出一条发展资源经济的新路子。

一、抢抓机遇促发展

楚雄州地处滇中腹地,风光水资源丰富,是云南省风电、光伏开发的最佳区域,是金沙江中上游、澜沧江上游水电开发送出的必经之地,加之毗邻昆明负荷中心,历经数十年发展形成西电东送大通道,具有得天独厚的资源禀赋和系统位置优势,为州内新能源开发送出和建设千万千瓦级清洁能源基地提供了良好的条件。"十四五"以来楚雄州致力于推动绿色能源和绿色制造产业融合发展,加快推进单晶硅拉棒及切片、高效电池片、阳极铜、转子级海绵钛、氯化法钛白粉、大宗固废处理等重点产业和项目产能建设。随着州内重点产业快速发展,"十四五"以来用电负荷逐年大幅增长,新能源发展、"源网荷储"协同发展和省级新型电力系统示范区建设正当其时。

(一)发挥统筹优势,增强发展动能

"三个标杆"建设,是楚雄州新的发展阶段提出的新目标和新定位,本质是通过能源价值链的全方位整合升级,促进绿色能源与绿色制造产业融合发展,提高资源利用和配置效能,推动经济社会转型升级和高质量发展。楚雄州先后成立多个以政府主要领导任组长的工作领导小组和工作专班,成立了州、县(市)两级政府新能源并网工作专班,建立和完善日常工作协调调度机制,细化出台推动新能源发展、支持电网规划建设、加快产业园区建设的系列方案和政策措施,为发展提供了强有力的政策和机制保障。楚雄供电局将持续发挥统筹协调和专业优势,强化政企合作,推动源网、网荷等各方高效协同,保障发展过程的系统性和健康有序,在"双碳"征程和时代发展浪潮中增添楚雄经验,贡献楚雄力量。

(二)聚焦电力保障,推动电网发展

结合楚雄州绿色能源和绿色制造产业融合发展、各区域城乡规划建设和经济社会发展预期,加强收资研判,推进开展新能源及储能项目接入系统规划、重点产业园区电力专项规划、"十四五"电网规划中期评估及修编等工作，推动纳入全省规划进行统筹，加快推进一批电网项目前期和建设工作，为经济社会发展提供坚强的电力保障。随着千万千瓦级清洁能源示范基地逐步形成，宇泽单晶硅、晶科电池片、龙佰钛白粉等项目产能陆续达产，20万吨多晶硅、50吉瓦硅光伏垂直一体化、大型集中共享新型储能等项目启动建设，现代能源产业体系初露头角。楚雄供电局迎来历史性发展机遇，将加快推进新能源开发并网、输配电网规划建设、新能源场站支撑改善农村配电网等各块业务工作，推动"源网荷储"协调发展。

二、锁定目标谋长远

打造新能源发展标杆，既是对楚雄州发展资源经济"量"的承接，也是对资源配置、要素保障、政府管理和协调服务职能的一次"大考"，更是对发展过程、管理效能和发展目标"质"的要求。楚雄供电局将充分履行属地供电单位职责，加强对新能源并网业务管理、能源电力安全保供、电网安全稳定运行等方面的系统性研究，加快提升并网业务和配套项目建设管理能力，为新能源有序开发和系统安全运行出谋划策，为新型能源体系建设和可持续发展保驾护航。

打造"源网荷储"协同发展标杆，既高度契合楚雄州绿色能源和绿色产业融合发展目标定位，也对云南电网和西电东送大通道安全稳定运行具有直接的支撑保障作用，同时与楚雄州滇中地理区位、楚雄电网在西电东送重要通道和云南电网重要节点的系统位置具有高度的相关性，也是当前负荷管理和能源电力安全保供形势下的必然要求，对楚雄州建设输电大州、用电大州、全省新型储能产业示范基地和优化用电营商环境具有十分重要的意义。楚雄供电局将积极探寻全业务领域协同优化，进一步将"源网荷储"协同发展工作融入现代供电服务体系建设，实现业务全覆盖和深化应用。

打造新型电力系统示范区标杆。楚雄州新型电力系统示范区建设，起于州内大规模高比例新能源开发、多元化能源互补发展、重点产业和重点项目建设、楚雄供电局系统位置优势、降低电网风险和提高供电可靠性等发展实际，重于管理变革、系统构建、"源网荷储"互动、数字化支撑、内外协同及上下联动、资源统筹优化等过程实践，落点于能源电力供给和"碳达峰、碳中和"目标实现。在此过程中，楚雄供电局将加强向地方党委政府和上级主管部门沟通汇报，在专业上聚合相关主管部门、新能源及大负荷业主、咨询设计单位、生产厂家、通信运营商、高校研发团队等各方资源，形成合力推进打造省级新型电力系统示范区标杆。

三、聚焦重点创标杆

加强源网协同，主动跟进新能源规划和年度电网项目进度，同步推进新能源项目和电网配套工程建设并网。围绕楚雄州"十四五"能源发展目标，加快推进以新能源为主体的新型电力系统建设，加强源网项目会商、统筹和协调配合，围绕年度新能源项目建设投产并网目标任务，结合新能源项目土地、林地等要素保障落实情况及建设推进计划，收集整理各方推进情况和意见建议，形成问题清单和工作计划，组织做好相应的生产协调配合、电网侧配套项目建设、并网验收投产等全过程服务，合力推进新能源建设投产并网工作。根据省级能源主管部门下达的新能源年度实施方案及集中储能试点项目，源网双方会同开展列入清单项目的接入系统方案研究讨论，统筹衔接电网现状消纳和输送能力、变电站改扩建、运行方式安排、区域新能源及用能产业发展等各方面边界因素，预先形成区域性、总体性的方案设想，指导和约束具体项目的接入系统方案设计工作。

加强网荷统筹，围绕产业布局和发展，推进各县（市）产业园区电网规划建设，做好重点产业和项目用电保障。结合楚雄州工业硅、钢、铁、钒、钛等重点产业项目快速发展实际，开展楚雄州重点产业园区电网专项规划工作，统筹推进降低电网风险和解决配网突出问题三年攻坚行动、楚雄州绿色能源和绿色制造产业融合发展、州内新能源大规模开发并网、重点产业园区和硅、钛产业重点项目供电保障、全省电力供需形势持续紧张形势下的电力安全保供等重点工作。持续提升重点区域供电能力、电网安全及偏远乡镇配电网供电可靠性，做好负荷增长与电网规划协调，加强电网前瞻性布局，提高电网与产业发展布局协同性。电网建设项目及时报送至政府部门，由政府将其纳入国土空间、城乡发展等规划中，实现企业改革发展、电网建设发展和地方经济社会发展的综合最优。

深化储能应用,加快发展新型储能,加快推进抽水蓄能项目规划建设,积极发展负荷侧储能,持续提升能源电力安全保供能力。配合州能源主管部门组织召开新型储能规划建设工作协调推进会议,先行先试、因地制宜制定储能项目建设和新型储能产业发展策略,全面推进新能源场站配置储能。加快推进州内集中共享储能试点示范项目建设,形成示范效应,抢抓发展先机。积极推进州内重点产业项目负荷侧储能建设,协同楚雄州能源、工信等主管部门,优先选取部分对电力需求程度高、产品附加值高、负荷调节效应明显、调节效益较好的用电企业,科学合理建设储能容量,提高峰谷调节能力,优化用电负荷曲线,提高系统综合效益。

坚持创新发展,加强政策学习和发展动态研究,推进新技术新模式研究和成果应用,加快建设楚雄州高比例新能源新型电力系统示范区。依托楚雄州"三个标杆"建设实际,组织楚雄州各电源企业、电网企业和社会各界人士开展新能源并网、"源网荷储"优化控制、智能配电网技术、新材料新设备、新型电力系统前沿技术等相关课题研究,加快成果转化应用,加强新能源涉网检测及主动支撑技术应用。结合楚雄州各县(市)经济社会发展实际和新能源资源、电网特性,深入挖掘新型电力系统示范场景,积极探索示范项目落地方式,推动建设"新能源+工业大负荷集群""新能源+集中共享储能""新能源+现代农业"等各县(市)特色示范区。研究新能源并网管理、日常运行管理、分布式新能源管理等方面工作机制,全面提升新能源发电侧"可观、可测、可控"和电网侧调度管理能力。结合项目应用实践,加快形成一批特色鲜明、亮点突出的示范应用项目，不断积累和丰富新型电力系统建设实践，多维度、全方位构建楚雄州高比例新能源及多能互补新型电力系统示范区。

第四节　全面建成现代供电服务体系

楚雄供电局在云南电网公司指导下，先试先行，积极探索建设现代供电服务体系，全局干部员工从用户视角审视工作，服务观念不断转变，"前中后"台组织模式趋于成熟，全局上下互联、横向贯通的组织韧性得到加强。前台服务敏捷性和用户粘性持续增强，中台市场需求响应、服务策略成效逐步提升，后台运营策划设计、人才培养成效、经营风险管控能力得到增强。营销基础业务效率明显提升，数字化转型取得实质性进展。用户平均停电时间、获得电力指数、第三方客户满意度指标持续向好。用户需求得到快捷响应和有效满足，员工获得感、幸福感和安全感显著提升，已基本建成现代供电服务体系。

楚雄供电局将持续以"双解放双促进"为实践指导，瞄准全面建成现代供电服务体系目标，在不断总结前期实践经验的基础上，持续探索实践现代供电服务体系。坚持以用户为出发点，以需求为切入点，建立健全工作机制，强化专业协同，持续发挥"干、管、盯"机制作用，激发员工主动服务意识，不断夯实电网硬基础、强化服务软实力，为用户提供更加可靠、便捷、高效、智慧的用电服务。

一、推进楚雄特色体系构建

现代供电服务体系包含从用户需求发现到用户价值实现的全部核心业务，要实现全面建成现代供电服务体系目标，需要更加精准找到体系建设定位，回归业务本源，明确管理的核心业务以及与其他管理子体系的关系，并运用统一的架构和流程设计工具，使体系运转更加成熟、规范、高效。坚持问题导向，聚焦主要矛盾，进一步理顺流程、明确时限、固化机制，将解决用户用电问题作为一切服务工作的出发点和落脚点。通过高效协同，制定满足企业发展、符合用户期望的措施，提升用户用电体验。坚持守正创新，固化现代供电服务体系建设各项成果，进一步统一思想，将现代供电服务体系作为解决用户问题的实施路径，充分开发现有基础资源和组织机制潜力。坚持创新，运用数字化手段提升态势感知能力，推行主动服务、无感服务，构建用户问题全生命周期管理"驾驶舱"，以工单驱动业务，细化责任，强化闭环管理。坚持持续改进，基于现代供电服务体系建设开展系统化的分析、治理，制定精细化的体系评价反馈体系，推动体系建设兼具鲜明的楚雄特色。

二、打造供电服务新气象

（一）推动前台服务更敏捷

坚持前台主渠道的定位，充分发挥"南网在线"智慧营业厅互联网平台作用，进一步深化线上、线下各类渠道的融合，加强对前台的赋能，主动收集用户需求，充分从用户需求、国家的重大战略和产业政策监管要求、大数据分析等维度中洞察需求，并进一步挖掘需求背后潜在的新需求，形成更加广泛的需求信息收集触点，共建共享"用户需求信息资源池"。与当地政府、村委会、社区、企事业等单位建立常态沟通机制，主动获取用户需求及政府重点关注的用电项目需求。统筹资源，分层分级处置用户需求，对用户需求逐一复盘，实现用户问题分层分级解决。畅通问题双向沟通、反馈机制，网格经理及时将中台制定的措施及问题处理进度反馈至用户，并收集用户对措施的认可情况反馈至中台。

（二）推动中台协同更高效

持续深化"实体+柔性"中台运转模式，开展用户问题分层分级管控，聚焦突出问题，高效开展协同治理。用电接入类问题治理方面，统筹业扩配套施工资源，充分运用快速审批机制，做好业扩受限台区治理。重过载、低电压、频繁停电类问题治理方面，通过各专业管理系统对低电压、重过载、频繁停电线路及台区进行监控，结合用户需求情况，综合研判，输出问题清单，以用户为中心聚合多专业会商解决用户问题，共同确定治理措施及措施时限，做到精准立项、精准投资、高效处置。提升生产抢修及用户服务效率，探索故障报修处置新模式，充分发挥中台指挥、调度、监控职能，有效提升故障报修处理效能。

强化态势感知，提升系统性分析能力，建立问题感知模型，结合多系统数据分析结果、季节性用电规律等，精准定位并输出问题清单，为各专业提供问题治理、项目立项决策参考,辅助支撑服务策略的制定。运用体系思维,对典型诉求进行系统性分析,查找各层级存在的问题,持续改进提升。建立用户用电需求台区识别模型,输出楚雄电网台区诉求画像,以用户诉求主动感知台区问题,为地、县两级中台提供台区、线路问题清单,明确台区管理重心,辅助支撑服务策略制定。

进一步加强数字化转型在体系建设中的支撑力度,采取组建专班、搭建中台运营"驾驶舱"、推广 RPA 工具运用、提升县级供电单位数字化能力等措施,全面支撑地、县两级服务效能和用户满意度双提升。开发地市中台运营监控"驾驶舱",全面、直观展示中台运营情况,实现集用户需求收集、服务风险、用户问题态势感知、工单驱动多专业协同问题治理、问题处置验证及前中台运营评价的全过程数字化监控平台,支撑供电服务"大循环"与生产、营销、基建等各专业管理"小循环"可视化运转。搭建营销数字化人才培养平台,大力推广 RPA 等数字化工具,采取"自主+外援"开发模式,在地、县两级研发部署 RPA 应用,实现传统营销业务向数字化、智能化转型,实现机器代人开展指标的监测、统计、分析、预警、通报、指挥等工作。畅通数字化需求收集渠道,面向地、县两级中台常态开展业务数字化转型需求收集,由数字化专班组织需求主体统一开发、统一部署、统一推广使用。加强数字化能力提升,面向县级供电单位、供电所收集数字化工具部署需求,由数字化专班开展对口部署及后期运维帮扶,常态开展 RPA 推广使用,实现地、县两级数字化工具全覆盖。

（三）推动后台保障更完善

开展专业复合型人才队伍建设，采取跨专业交叉培训、设立跨专业实践项目、跨专业交流与分享会等方式，实现营销、生产和基建等不同领域的人才知识互通，形成更高水平的协同联动，为现代供电服务体系的高效运作和持续创新提供坚实人才支撑。开展数字化创新人才培养，采取理论与实践、培训与实战相结合的方式开展培训，学习研究Python、RPA等工具软件。应用智能软件，推动人工监测、人工派单、查询统计、报表填报及大量重复录入等工作实现自动化。在学中干、干中学，不断提高应用数字化思维和工具解决工作问题的能力，推进数字化人才队伍建设。

持续完善评价反馈体系，建立涵盖网格、前台运转、中台运转等维度的评价方式，不断优化内部机制和流程，持续改进不足、补齐短板，同时不断满足用户需求，为用户创造价值，支撑现代供电服务体系螺旋式上升。

参考文献

[1] 孟振平. 解放用户：以人民为中心的现代服务理念与实践[M]. 北京：中共中央党校出版社，2021.

[2] 本刊编辑部. 解放用户 南网实践 南方电网公司探索构建现代供电服务体系[J]. 中国电力企业管理，2022（11）：14-15.

[3] 甘霖. 双解放双促进：解放用户理念的云南实践[M]. 北京：东方出版社，2023.

[4] 陈雪频. 一本书读懂数字化转型[M]. 北京：机械工业出版社，2020.

[5] 徐刚. 人力资源数字化转型[M]. 北京：机械工业出版社，2020.

[6] 姬珅. 数字化背景下应用型人力资源专业模式思考[J]. 中国集体经济，2023（13）：90-93.

[7] 彼得·德鲁克. 卓有成效的管理者[M]. 许是祥，译. 北京：机械工业出版社，2009.

[8] 魏想明，张瑞林，霍芬. 管理学[M]. 2版. 武汉：湖北科学技术出版社，2019.

[9] 陈心德. "管理驾驶舱"：企业战略决策的新型工具 [J]. 企业活力，2003（1）：52-54.

[10] Kenneth R. Andrews. The Concept of Corporate Strategy[M]. Irwin, Homewood, 1971.

[11] 顾英伟，李娟. 关键绩效指标（KPI）体系研究 [J]. 现代管理科学，2007（6）：79-80.

[12] 陈德金. OKR：追求卓越的管理工具 [J]. 清华管理评论，2015(12)：78-83.

[13] 吴安平. 创新治理模式，保障新型电力系统安全稳定 [EB/OL]. [2023-07-07]. https://mp.weixin.qq.com/s/ETyxPpTErMrCZDJNZlhXig.

[14] 吴安平. 增量配电业务改革的始与终 [EB/OL]. [2023-08-05]. https://mp.weixin.qq.com/s/lwUn4bE-7VyaD24p9aQThA.

跋

随着中国特色社会主义进入新时代,电力发展趋势和人民用电需求发生了新的变化。值此转变之际,楚雄供电局作为云南电网特色数字化转型助力现代供电服务体系构建的发源地,深耕"试验田"、勇当"排头兵",蹄疾步稳,以昂扬的奋斗姿态,走出以数字化助力现代供电服务体系构建的楚雄特色之路。这是"我为群众办实事"的积极探索,是"人民电业为人民"的生动实践。

在探索与实践中,楚雄供电局始终站稳人民立场,坚持以人民为中心的发展思想,凝聚出"始于用户需求、终于用户满意和价值共创"的共识,并将数字化转型及现代供电服务体系建设深度融入业务,形成了"以数字化支撑'干、管、盯'机制有效运转,通过'干、管、盯'机制支撑各专业管理'小循环'正常运转,'小循环'支撑供电服务'大循环'螺旋式提升"的经验做法。他们坚持以用户为中心,深入洞察用户用电用能的"急难愁盼"问题,助力用户价值的发现、创造和实现;搭建"前中后"台,提升用户用电问题解决质效;建立有效的用户评价反馈机制,不断提升改进,推动电网企业迈上新台阶。通过不断创新实践,坚定不移地输出楚雄经验,逐步将楚雄供电局打造成为云南电网现代服务体系建设的"示范区"。

天道酬勤，春华秋实。在本书编写过程中，我与编写组多次沟通了解楚雄供电局的情况，他们近年来的管理创新实践历程、经验和成果，让我深刻感受到了电力行业的高质量发展。楚雄供电局积极总结过去、牢牢把握现在，主动转变传统的业务及服务模式，将人民利益置于首位，为用户提供个性化、高质量的电力服务，持续提高人民群众用电用能的获得感、幸福感和安全感，以蓬勃向上的姿态迎接未来。同时，我也能感受到，作为服务楚雄彝族自治州的电力央企，楚雄供电局勇于承担更大责任、展现更大作为，企业队伍建设是坚强有力的，工作业绩是有目共睹的，发展态势是稳中向好的，能源"主力军"作用愈发凸显，企业充满蓬勃迸发的生机和活力。

本书编写组成员大多来自基层一线，他们写己所做、做己所写，以自己的亲身经历、所见所闻为蓝本，用真实的话语和鲜活的故事，将"身边人、身边事"呈现在读者面前。他们既讲述了工作中的艰辛与挑战，也分享了成长的收获和喜悦。我看到了大家倾注的智慧和心血，其用心、用情深深感动了我，这些质朴、真实的描述，让本书充满了生命力和情感，字里行间彰显着全心全意为人民服务的温度。

中国水利水电出版社社长

2023 年 10 月